AF295463

John Bunyan

Pikataival Taivaaseen

Kuvaus taivaaseen juoksijasta, hänen tiestään ja matkansa vaiheista. Lisäksi ohjeet miten taivaaseen päästään.

Viedessään heitä ulos enkeli sanoi: „Pakene henkesi edestä, älä katso taaksesi äläkä pysähdy mihinkään koko tasangolla. Pakene vuorille, ettet tuhoutuisi." (1. Moos. 19:17)

Lontoo 1698

Alkuperäisteos: John Bunyan, Heavenly Footman, 1698, Lontoo.

Suomennos: Sirkka Perälä ©

Kielentarkistus: Marjatta Pasanen

Raamattusitaatit: Jos ei mainintaa, sitaatti on Raamattu kansalle ry:n käännöksestä 2012. Käytetty myös Kuningas Jaakon käännöstä suoraan suomennettuna (KJV) 1611, kirkkoraamattua v 1776 ja Suomen Pipliaseuran käännöstä UT2020.

Taitto: Tamkopio oy/ Aukusti Kuoppala

Kansi: Mohamed Hassan, Egypti

Kustantaja: BoD, Books on Demand, Helsinki, Suomi.

Valmistaja: BoD, Books on Demand, Norderstedt, Saksa

ISBN: 978-952-80-6703-0

PIKATAIVAL TAIVAASEEN

I ALKUSANAT: KIRJE HENGELLISESTI LAISKOILLE JA SURUTTOMILLE

Ystävät, Salomo sanoo, että *oma halu laiskan tappaa.* (Sananl. 21:25) Entä mitä kaikkea laiskuus mahtaakaan aiheuttaa niille, jotka ovat laiskoja tahallaan? Sananlaskun mukaan *kelvoton poika nukkuu korjuuaikana häpeää tuottaen.* (Sananl. 10:5 KJV)

Minun on pakko sanoa painava sana, nimittäin, että kaikkein suurin häpeä on jättää typeryyksissään huolehtimatta sielustaan ja vaihtaa ikuinen taivaspaikka synnin harjoittamiseen. Jo pelkästään laiskanpuoleinen välinpitämättömyys oman sielun pelastuksesta riittää tuottamaan tuhon ja turman.

Laiskan viljelijän viinitarhassa rehottavat orjantappurat, nokkoset ja pahanhajuinen rikkakasvusto. Mutta vielä pahemmin on asiat taivaaseen pääsystä piittaamattomalla, jonka sydämen ja sielun synti ottaa valtaansa, tukahduttaa elämän ja tuo tullessaan kirouksen.

Laiskuus huolehtia oman sielun pelastuksesta näkyy siten, että jätetään käyttämättä aika ja tilaisuudet, jolloin voisi astua taivastielle, ja kääntymys siirretään epämääräiseen tulevaisuuteen. Ota vaari varoituksestani, ymmärräthän, että sillä, joka omaa laiskuuttaan hukkaa sielunsa pelastuksen maailman teitä kulkiessaan, on juhlat juhlittu ja naurut naurettu, kun hän kerran päätyy helvettiin.

Laiskuus hengellisissä asioissa on vääränlaista huolettomuutta, joka taas kumpuaa siitä ettei omatunto tunne oikein mitään. Sen seurauksena uskonasioilla tuntuvat yhdentekeviltä. Tunnottomuus ja välinpitämättömyys vahvistavat toinen toistaan, ja lopulta sieluparka on toivottomassa jamassa.

Hengellinen laiskuus sulkee Kristuksen ulkopuolelle ja tuottaa häpeää sielulle. (Laul.l. 5:2-4; Sananl. 13:4)

Heiveröisinkään luontokappale ei suosi laiskuutta. *Mene, laiska, muurahaisen luo, katso sen tapoja ja viisastu!* (Sananl. 6:6)

Laiska ei tahdo kyntää peltoaan kylmällä säällä. (Sananl. 20:4) Hän ei siis tahdo murtaa ja kääntää sydämensä maata, joka on päässyt kesannolle, sillä siitä tulisi joltinen tuska ja vaiva. Siksi hän kerjää sadonkorjuuaikaan eli silloin, kun Jumalan pyhät saavat ihanan taivaan ja ikionnen. Laiska ei silloin saa mitään, vaikka hän itkien ja rukoillen kerjäisi armoa, kuten Matteuksen evankeliumin luvun 25 jakeissa 10 - 12 kerrotaan.

Jos haluat ymmärtää, millainen on hengellisesti laiska, taivasasioista piittaamaton, ota rinnalle maallinen laiskuus asiaa avaamaan, seuraavasti:

1. Laiskaa ei kiinnosta työt, hengellisesti laiskaa ei kiinnosta hengellinen toiminta.

2. Laiska siirtää töihinsä tarttumista mielellään, hengellisesti laiska siirtää hengellisiin asioihin tarttumista.

3. Laiska vetäytyy töiltään vähäisimmänkin verukkeen varjolla, hengellisesti laiska vetäytyy taivaan ja autuuden asioista pienimmästäkin syystä.

4. Laiska tekee työnsä puolinaisesti, puolella sydämellä. Hengellisesti laiska etenee muutaman askeleen kohti taivasta, ehkä pitkällekin, mutta ei koskaan perille. Hän ei koskaan pääse täydelliseen vapauteen, irti helvetin kahleista ja tuomiosta. Ilman parannuksentekoa hän jää "viittä vaille uskovaksi".

5. Laiskat haaskaavat työaikansa, hengellisesti laiskat haaskaavat armonaikansa.

6. Laiskat eivät juuri koskaan tuota hyvää hedelmää, eivät hengellisesti eivätkä maallisesti laiskat.

7. Laiskoja moititaan laiskuudesta, samoin Kristus moittii niitä, jotka eivät ole aktiivisia hänen asiassaan:

Omien sanojesi mukaan minä sinut tuomitsen, sinä kelvoton ja laiska palvelija. Sanoit minun olevan tietynlainen, miksi et siis vienyt rahojani pankkiin korkoa kasvamaan? (Luuk. 19:22,23)

Heittäkää tuo kelvoton palvelija uloimpaan pimeyteen. Siellä on oleva itku ja hammasten kiristys. (Matt. 25:26-30)

PYSÄHDY JA MIETI!

Aika rientää - pysytkö edelleen toimettomana?

Elämäsi on ehtoopuolella - pysytkö edelleen toimettomana?

Sielusi on kalliimpi kuin tuhat maailmaa - pysytkö edelleen toimettomana?

Kuolema ja tuomiopäivä on ovella - pysytkö edelleen toimettomana?

Jumalan kirous on ylläsi - pysytkö edelleen toimettomana?

Perkeleet sitä vastoin ovat hyvinkin ahkeria ja aktiivisia, ne yrittävät joka päivä kaikin keinoin saada sinut tekemään vaikka mitä syntejä estääkseen sinua pääsemästä taivaaseen. - Ja sinä jäisit silti toimettomaksi?

Katsele naapureitasi, hehän tekevät kaikkensa saadakseen katoavaa omaisuutta. - Ja sinä et tekisi mitään saadaksesi katoamatonta omaisuutta?

Tahdotko kuolinvuoteellasi kokea, että Jumalan enkelit kieltäytyvät lennättämästä sieluasi taivaaseen kuolinhetkelläsi, mutta sen sijaan demonit seisovat vuoteesi vierellä valmiina kaappaamaan sielusi mukaansa?

Oliko Kristus laiskana tehdessään lunastustyötä sinun sielusi hyväksi? Ovatko hänen palvelijansa toimettomia? Eivätkö he tarjoa valmista lunastusta sinulle aktiivisesti?

Jos mikään edellä mainittu ei sinua liikuta, saanen sanoa, että Jumala ei vitkastele eikä viivyttele, kun tuomiopäivä koittaa, vaan hän tuomitsee sinut oikopäätä, ja rangaistus on ikuinen, päätepistettä ei ole. Demonitkaan eivät ole laiskoina, vaan ne ovat heti valmiit tarttumaan toimeen ja kuljettamaan sinut helvettiin, joka ei myöskään aikaile, vaan sulkee luukkunsa heti kun sinut on saatu sisään.

Sinä välinpitämätön laiskamato! Vieläkö nukut ja torkut? Aiotko tosiaan vaipua kuoleman uneen? Eivätkö uutiset taivaasta ja helvetistä havahduta sinua hereille? Sanotko edelleen: *Nukun vielä vähän, torkun vähän, makaan vähän aikaa ristissä käsin.* (Sananl. 6:10 KJV)

Kääntyiletkö laiskana vuoteellasi niin kuin ovi saranoillaan? (Sananl. 26:14)

Voi! Olisinpa minäkin itkuvirsien taitaja (Aam. 5:14), sydän särkyneenä säälistä veisaisin valitusta vuoksesi, niin että kuuluu! Voisinpa Jeremian kanssa vuodattaa silmistäni kyynelvirrat sinun vuoksesi!

Sielu parka, olet hukassa, kuolema kulkee kannoillasi! Miten kova onkaan sydämeni, jos en itke tähtesi.

Jos menettäisit raajasi tai lapsesi tai ystäväsi, se ei olisi mitään verrattuna siihen, miten sielusi käy. Kuuntele! Puhun sinun, juuri sinun omasta sielustasi!

Jos joutuisit virumaan helvetissä päivän, jopa vuoden tai peräti kymmenentuhatta vuotta, niin sekään ei olisi vielä mitään verrattuna siihen, että joutuisit viettämään siellä ikuisuutesi.

Ikuisuus! Loppumaton ikuisuus! Mikä viiltävä, kamala sana, sydänjuuria järkyttävä sana kuultavaksi, kun tuomio tulee ja käsky käy: - *Menkää pois minun luotani, te kirotut, siihen ikuiseen tuleen, joka on valmistettu Paholaiselle ja hänen enkeleilleen.* (Matt. 25:41)

Kysymys:

Mutta jos astuisin taivaan tielle ja lähtisin juoksemaan kohti taivasta, etääntyisin kaikista kavereistani, sillä kukaan heistä ei ole rientämässä samaan suuntaan.

Vastaus:

Jos lähdet matkaan, päädyt Kristuksen ja Jumalan helmoihin. Siispä mieti, koituisiko se hyväksesi vai pahaksesi.

Kysymys:

Jos lähden juoksemaan tätä tietä, sittenhän minun on luovuttava kaikista synneistäni.

Vastaus:

Totta, näin on. Mutta jos et niin tee, juokset helvetin tuleen.

Kysymys:

Mutta jos lähden tälle tielle, minua aletaan vihata, ystäväni ja sukulaiseni lakkaavat rakastamasta minua, enkä saa enää keneltäkään kunnioitusta tai hyvää kohtelua, naapuritkin alkavat huutelemaan.

Vastaus:

Niin, jos et lähde taivaan tielle, menetät Jumalan ja Kristuksen rakkauden ja suosion, taivaspaikan ja ikuisen kunnian, silloin itse Jumala huutelee sinulle näin: *Te vieroksuitte kaikkia minun neuvojani ettekä suostuneet minun ojennettavikseni. Niinpä minäkin nauran teidän hädällenne ja pilkkaan, kun tulee se, mitä te kauhistutte, kun tulee myrskynä se, mitä te kauhistutte, kun hätänne saapuu kuin rajuilma, kun päällenne tulee vaiva ja ahdistus.* (Sananl. 1:25-27)

Jos et siis tahdo vihaa ja pilkkaa, varo ettet ärsytä suurta Jumalaa inhoamaan ja pilkkaamaan itseäsi. Hänen ankarat, pilkalliset moitteensa ovat pelottavat kuulla, hänen

vihansa on kauhistava. Kun tämä kaikki kohdistuu si-
nuun, ahdistus ja tuska musertavat sinut alleen. Juuri näin
tapahtuu, kun kuolema ja tuomiopäivä tulee, silloin ei
kukaan, ei kukaan maan ihminen eikä taivaan enkeli voi
sinua auttaa. (Sananl. 1:27-31)

Kysymys:

Mutta minun ei varmaan tarvitse heti lähteä rientämään
kohti taivasta, senhän ehtii tehdä myöhemminkin, aikaa
on, joten voinen lähteä vuoden tai parin kuluttua, eikö
vain?

Vastaus:

1. Onko sinulla jokin vakuuskirja elämästäsi ja sen pituu-
desta? Onko Jumala jotenkin luvannut, että pysyt elossa
edes kahta kuukautta, saati puolta vuotta? Enpä usko. Voi
näet tapahtua, ettet elä niinkään kauaa.

2. Aiotko tosiaan olla niin typerä ja ajattelematon, että ris-
keeraat sielusi autuuden, vaikket elinpäivistäsi tiedä?

3. Mistä voit tietää, jatkuuko armonaikasi edes yhtä viik-
koa? Armonaika voi nimittäin loppua ennen kuin elinpäi-
vät päättyvät. Jos sinulle kävisi niin, etkö valittaisi sanoen:
-Voi! Miksen lähtenyt kiiruhtamaan kohti taivasta, ennen
kuin armon päivä päättyi ja taivaan portit suljettiin edestä-
ni!

4. Jos saisit tietää, että jollekin naapureistasi on tarjottu
lahjaksi kiinteistöä tai maaomaisuutta, ja hänen tarvitsisi
vain allekirjoittaa viralliset paperit saadakseen omaisuu-
den haltuunsa, mutta hän sanoisi, että ei tässä kiirettä, teh-

dään paperit sitten joskus, etkö pitäisikin häntä tyhmänä? Eihän hän voi tietää, suostuuko nykyinen omistaja odottelemaan vai tarjoaako tämä omaisuuttaan kohta jo muille.

Mikäli pidät tällaista viivyttelijää tyhmänä, niin pidätkö sitten itseäsi viisaana, kun roikut helvetin kuilun partaalla, luottaen että sielusi pelastukseen liittyvät asiat voi hoidella joskus tulevina aikoina, vaikka elinpäiviesi jatkuminen ei ole mitenkään varmaa, kuolema voi katkaista elämänlankasi äkisti.

Suoraan sanoen, tällaisia verukkeita viivyttelyyn esittää vain hengellisistä asioista piittaamaton, laiskotellen makoileva. Nouse, älä aikaile enää yhtään! Aseta jalkasi ja sydämesi, itsesi kokonaan, Jumalan tien päälle ja juokse, kruunu odottaa kilparadan päässä. Siellä myös seisoo sinua rakastava edelläjuoksija, itse Jeesus, joka on valmistanut sinulle paikan taivaassa. Hän odottaa sinua saadakseen toivottaa sinut tervetulleeksi. Palavasti, koko sydämensä halusta hän tahtoo ojentaa sinulle kruunun ja antaa taivaspaikan, palavammin kuin itse ikinä pystyisit niitä häneltä haluamaan.

Älä viivyttele yhtään enempää, vaan lähde rientämään, kuten Danin miehet kehottivat veljiään, nähtyään Kaanan maan hyväksi. He sanoivat: *Me olemme katselleet maata, ja se on todellakin sangen hyvä. Ja te ette tee mitään! Älkää olko toimettomia, vaan lähtekää liikkeelle ja menkää ottamaan omaksenne se maa.* (Tuom. 18:9)

Jääkää hyvästi. Toivon, että sielumme saavat kohdata toisensa riemuiten, kun matkamme on päättynyt.

JOHN BUNYAN

II JUOSKAA SIIS NIIN, ETTÄ SAATTE PALKINNON!

Ettekö tiedä, että stadionilla vain yksi juoksija voittaa, vaikka kaikki ovat kilpailussa mukana? Juoskaa siis niin, että saatte palkinnon! (1. Kor. 9:24 UT2020)

Kaikki haluavat päästä taivaaseen, saada onnen ja autuuden. Jopa häijy Bileam loihe lausumaan: *Suotakoon minun kuolla oikeamielisten kuolema, olkoon minun loppuni niin kuin heidän.* (4. Moos. 23:10)

Siitä huolimatta vain harva saa haluamansa, ikuisen taivaan kunnian. Jopa monet niistäkin, joita on pidetty arvostettuina kristittyinä, eivät lopulta saakaan Jumalalta tervetulotoivotuksia taivaan ihanuuteen.

Korinttilaisten pelastuminen oli apostoli Paavalille sydämen asia. Siksi hän kirjoittaa heille kirjeen ja antaa alussa mainitut neuvon sanat heidän avukseen ja tuekseen.

Ensiksi

Apostoli ohjaa, että on pahasta, jos jää lekottelemaan passiivisena, tyytyen vain haaveilemaan taivaasta. Sen sijaan pitää lähteä kilpajuoksuun, taivaspaikkaa tavoittelemaan.

Toiseksi

Apostoli neuvoo, ettei mikä tahansa jolkottelu käy, vaan on juostava, niin että palkinto on varma.

Hän tuntuu sanovan, että ne, jotka eivät halunneet sielunsa joutuvan kadotukseen, lähtivät juoksemaan varhain. (Saarn. 12:1) He juoksivat vauhdilla, he juoksivat kärsivällisesti ja kestävinä. (Hepr. 12:1) He juoksivat oikeaa tietä. Juoksetko sinäkin niin?

Jotkut juoksevat poispäin isästään ja äidistään, ystävistään ja kumppaneistaan, siksi että saisivat kruunun. Juoksetko sinäkin niin?

Jotkut joutuvat juoksureitillään houkutuksiin, kiusauksiin ja moneen ahdinkoon. Heistä puhutaan väliin hyvää, väliin pahaa. He kestävät tämän kaiken ja jatkavat juoksuaan, voittaakseen helmen. (1. Kor. 4:13; 2. Kor. 6.) Juoksetko sinäkin niin?

Juoskaa siis niin, että saatte palkinnon!

Kilpajuoksuun liittyvät sanoilla apostoli kuvaa Herran pyhien taivasmatkaa osuvasti. *Ettekö tiedä, että stadionilla vain yksi juoksija voittaa, vaikka kaikki ovat kilpailussa mukana? Juoskaa siis niin, että saatte palkinnon!*

Pelkkä juokseminen ei siis riitä, vaan on juostava voitokkaasti, niin että palkinto on varma. *Juoskaa siis niin, että saatte palkinnon!*

Se riittäköön ilmaisutavasta. Seuraavaksi setvin sanojen perimmäistä sisältöä, niiden sisältämää oppia. Jaan löytöni kanssasi, hyvä lukija.

III OPETUS

Sanojen oppisisältö on tämä: Jos haluaa päästä taivaaseen eli saada taivaspaikan itselleen, on juostava. Toistan: taivaaseen pääsee vain juoksemalla voitokkaasti. Sydämestäni toivon ja rukoilen, että ottaisit tämän ohjeen omaksesi. *Ettekö tiedä, että stadionilla vain yksi juoksija voittaa, vaikka kaikki ovat kilpailussa mukana? Juoskaa siis niin, että saatte palkinnon!*

Palkintona on taivas, ja sen saadaksesi sinun on juostava. Toisaallakin Raamatussa, nimittäin Heprealaiskirjeen luvussa 12 sanotaan samaa. Apostoli neuvoo: *Koska meillä on ympärillämme näin suuri todistajien pilvi, pankaamme mekin pois kaikki, mikä painaa, ja synti, joka niin helposti kietoo. Juoskaamme kestävinä kilpailussa, joka on edessämme.* (Hepr. 12:1-3)

Hän sanoo: *juoskaamme*. Toisessa kohtaa Paavali kertoo omasta juoksutavastaan: *En siis juokse umpimähkään.* (1. Kor. 9:26)

IV PIKAVAUHTIA!

Vauhdilla pakoon!

Huomaa, että puhutaan pakenemisesta. Ei siis ole kyse tavanomaisesta juoksusta tai hölkästä, vaan kiitämisestä pikavauhtia. Heprealaiskirjeen kuudennessa luvussa kerrotaan pakenemisesta: *saamme voimakkaan rohkaisun, me, jotka olemme paenneet pitämään kiinni edessämme olevasta toivosta.* (Hepr. 6:18)

Huomaa - *me, jotka olemme paenneet*. Ilmaisu on otettu Joosuan kirjan luvusta 20, jossa kerrotaan paosta turvakaupunkiin. Mies on tappanut toisen, verenkostaja on hänen kannoillaan, tappaja juoksee kohti turvakaupunkia niin kovaa kuin ikinä pystyy, hän kiitää henkensä edestä, kirii ja kirii karistaakseen koston ja kuoleman kintereiltään, hän pakenee lennossa.

Tällaista on juoksu kohti taivasta, kiitämistä pakoon kaikin voimin.

Juokse sinäkin niin!

Puske läpi esteiden

Juoksuamme sanotaan myös painamiseksi. *Painan menemään kohti maalia.* (Fil. 3:14 KJV)

Taivasta tavoitteleva ei saa lakata ja lannistua joka esteen edessä, vaan on painettava, vaikka läpi harmaan kiven, sisukkaasti on ylitettävä kaikki taivasmatkan esteet, jotta sielu pelastuisi.

Juokse sinäkin niin!

Pysy juoksuaskelissa

Juoksun pitää olla elämän tiellä jatkuvaa. *Teidän on vain pysyttävä uskossa, siihen perustuneina ja siinä lujina, horjahtamatta pois (Kristuksen) evankeliumin toivosta, jonka olette kuulleet.* (Kol. 1:23)

Ei käy, että juostaan parit spurtit silloin kun huvittaa, ei käy, että juostaan vain puoliväliin tai miltei perille. Ei, vaan on juostava täyttä vauhtia henkensä edestä, vaikeuksista välittämättä, koko kilparata loppuun asti, oman elämän loppuun asti.

Juokse siis niin, että saat palkinnon!

V MIKSI ON KIIREHDITTÄVÄ?

Syyt, miksi on juostava oikein ja kovaa.

1. Kaikki eivät yllä palkinnoille

On vaarana, ettet saakaan palkintoa, kaikki juoksijat eivät näet sitä saa. Moni lähtee juoksuun ja ennättää tosi kauas, mutta jää silti ilman kilparadan päässä odottavaa voitto-seppelettä. On selvää, etteivät kaikki kilvassa voita, kaikki juoksevat, mutta vain yksi voittaa. Samaa tapahtuu juoksussa taivasta kohti. Ei jokainen juoksija, ei jokainen voitosta kilvoitteleva yllä palkintoon. Jeesus sanoo: *Kilvoitelkaa päästäksenne sisälle ahtaasta ovesta, sillä monet, minä sanon teille, koettavat päästä sisälle, mutta eivät voi.* (Luuk. 13:24)

Palkinnon saanti voi estyä myös siksi, ettei olla kilvoiteltu Jumalan määräämällä tavalla, tällöin tulosta ei hyväksytä. Paavali sanoo: *Eihän sitäkään, joka kilpailee, seppelöidä, ellei hän kilpaile sääntöjen mukaisesti.* (2. Tim. 2:5)

Niin, arveletko että taivaaseen pääsee jokainen uskovana esiintyvä, joka laahustaa eteenpäin vastentahtoisin askelin? Arveletko että taivas aukenee niille, jotka esiintyvät uskovina, mutta huluttelevat hillittömästi ja tolkuttomasti; niille, jotka pysähtelevät radalla ja jopa kääntyvät takaisin pienimmästäkin syystä; niille, jotka juoksevat etanan vauhtia kohti taivasta?

Kristinuskoon tunnustautuvia, jotka löntystelevät Jumalan tietä hitaammin kuin etana seinää pitkin, kyllä löytyy.

Kaikesta huolimatta hekin luottavat saavansa ikionnen taivaassa.

Huomaa että kilpajuoksijoita on enemmän kuin palkinnolle pääseviä, siksi taivaaseen on juoksemalla juostava.

2. Häviö on katkera

Kilpajuoksija, joka ei juokse voitokkaasti, ei hyödy juoksustaan mitään, koska palkintoa ei tule. Kilpailuunhan osallistutaan palkinnon vuoksi, ja kun se jää saamatta, on kaikki vaivannäkö, työ ja tuska, ja kulutettu aika mennyt hukkaan, mitään ei ole jäänyt käteen.

Voi sääli, kuinka paljon tällaisia juoksijoita paljastuukaan tuomiopäivänä! Valtava, lukematon määrä ihmisiä on juossut, osa jopa taivaan porteille asti, mutta sisäänpääsyä ei ole luvassa. He kolkuttavat porteilla, mutta liian myöhään, he huutavat: Herra, Herra! Mutta kaikkien vaivojensa palkaksi he saavat pelkät nuhteet.

- Menkää pois luotani, tänne ette pääse, tulitte liian myöhään, juoksitte liian laiskasti, ovi on nyt kiinni.

Kristus lausuu: *Kun talon isäntä on noussut ja sulkenut oven, te jäätte seisomaan ulkopuolelle ja alatte kolkuttaa ovea sanoen: 'Herra, avaa meille!' Mutta hän vastaa teille: 'En tunne teitä enkä tiedä, mistä olette. Menkää pois minun luotani, kaikki te vääryydentekijät.'* (Luuk. 13:25-27)

Voi miten katkera onkaan häviölle jääneen osa! Tavoitellessasi taivasta juokse siis niin, että sen saat!

3. Matka on pitkä ja raskas

Puhun nyt vertauskuvia käyttäen: Taival on pitkä ja työläs.
On rämmittävä läpi saastaisen liejun, on ylitettävä monet
korkeat kukkulat. Kulkiessa on tapeltava voitokkaasti
pahaa sydäntä, maailmaa ja perkelettä vastaan. Monet,
monet askeleet on astuttava, jos mielii taivaan autuuteen,
pelastettujen joukkoon. Väliin juosten, väliin kävellen
on seurattava isämme Aabrahamin uskon askeleita. On
lähdettävä Egyptistä ja kuljettava halki Punaisenmeren.
Edessäsi on raskas ja pitkä tie, on kiiruhdettava halki au-
tiomaan, jossa pedot ulvovat. Tästä kaikesta on selvittävä
ennen kuin pääset luvattuun maahan.

4. Aikaa on vähän

Niiden, jotka tahtovat päästä taivaaseen, on kiirehdittävä
sinne vinhaa vauhtia. Tie on pitkä ja aikaa ei ole loputto-
masti, eikä yhtään tiedä, paljonko itse kullakin on aikaa
matkantekoon.

*Älä kerskaile huomisesta päivästä, ethän tiedä, mitä kukin päivä
tuo tullessaan.* (Sananl. 27:1)

Älä kehu, että sinulla on vielä ainakin seitsemän vuotta
aikaa hankkiutua taivaaseen. Varoitan sinua, kuolinkellosi
voivat kumista jo alle seitsemän päivän kuluttua, ja kun
kuolema tulee, se on menoa, olitpa valmis tai et.

Tajua tilanteesi, älä leikinpäitenkään siirrä epämääräiseen
tulevaisuuteen niin hengentärkeää asiaa kuin oman sielusi
pelastus. Kadotus uhkaa, mikäli et toimi ajallaan.

Sen, jolla on pitkä matka mentävänä ja aikaa niukasti,
ehkä alle puolet siitä mitä tarvittaisiin, sen on ehdottomas-

ti juostava.

5. Sinua ajetaan takaa

Taivaaseen haluavan on juostava, sillä perkele, laki, synti, kuolema ja helvetti ajavat häntä takaa. Yhtäkään sieluparkaa eivät perkele, laki, synti, kuolema ja helvetti ole jättäneet vainoamatta. *Teidän vastustajanne, paholainen, kulkee ympäri kuin ärjyvä leijona etsien, kenet voisi niellä.* (1. Piet. 5:8)

Voin vakuuttaa, että paholainen perkele on viekas ja vikkelä, se pyrkii saamaan sinusta otteen, kampittaakseen sinut lankeamaan nurin. Se onkin langettanut monet niin, etteivät he ole enää ikinä nousseet.

Laki ampuu kymmenellä järeällä tykillä laajalle, pidäthän huolen, että pysyt poissa sen tulilinjalta, kymmenen käskyn tykitys on tuima ja tuhoisa.

Helvetillä taas on valtava, ammottava kita, jonka se voi aukaista lähempänä sinua kuin osaat arvatakaan.

Enkeli sanoi Lootille: *Pakene henkesi edestä, älä katso taaksesi äläkä pysähdy mihinkään koko tasangolla* - ei siis mihinkään matkalla taivaaseen - *ettet tuhoutuisi.* (1. Moos. 19:17)

Samoin varoitan nyt sinua: älä pysähdy yhtään mihinkään, älä jää viivyttelemään, etteivät perkele, helvetti, kuolema tai Jumalan lain kammottavat kiroustuomiot saisi sinusta yliotetta ja paiskaisi sinua alas, syvälle synteihisi, sillä sieltä et ehkä ikinä nouse takaisin.

Tämän kun kunnolla käsitämme, me molemmat, sinä ja minä, päädymme samaan tulokseen: jos tahtoo taivaaseen, on juostava.

6. Viivyttelijä ei ehdi ajoissa

Taivaaseen pyrkivien on juostava, sillä taivaan portit voidaan yhtäkkiä sulkea. Toisinaan käy niin, etteivät taivaan portit pysykään niin kauaa auki kuin syntiset luulevat.
Ja kun ne jonkun kohdalta kerran suljetaan, ei edes koko ihmiskunnan tai taivaan enkelijoukon voimat riitä portteja avaamaan, niin raskaat ne ovat.

Minä suljen, sanoo Kristus, *eikä kukaan avaa.* (Ilm. 3:7)

Miten käy, jos tulet vaikkapa vartin myöhässä? Kerron sen sinulle: hintana on ikuisuutesi, jonka joudut viettämään kurjuuttasi valittaen.

Francesco Spiera voi kertoa millaista on, kun jää paikoilleen ja sillä välin armon portit suljetaan kokonaan, sekä siitä, millaista on kiirehtiä niin hitaasti, ettei ehdi armon porteista sisään ennen niiden sulkemista.

Mitä - joutua suljetuksi ulos! Taivaasta! Niin, taivaasta!

Syntinen! Älä hukkaa taivaspaikkaasi vaan juokse, juokse jotta sen saisit!

7. Häviäjää pilkataan

Lopuksi mainitsen, että jos menetät taivaspaikkasi, menetät kaiken. Sielusi joutuu hukkaan, kadotat Jumalan, Kristuksen, taivaan, levon ja rauhan yms. Sitä paitsi joudut häpeään ja saat pilkkaa, paheksuntaa ja moitteita, joita satelee niskaasi niin Jumalan, Kristuksen, pyhien, maailman, synnin ja perkeleen taholta, ihan kaikkialta.

Samaan tyyliin kuin Kristus puhuu typerästä rakentajasta, aion puhua sinusta, mikäli olet yksi niistä, jotka tosin juoksevat mutta jäävät silti palkinnotta. Kaikki, jotka sinut näkevät, alkavat pilkata. He sanovat: Tuo ryhtyi juoksemaan hyvin mutta ei kyennyt juoksemaan perille. (Luuk. 14:28-30)

Tästä lisää myöhemmin.

Kysymys:

Mutta miten minä sieluparka pystyisin juoksemaan? Tunnen tuskaa ja ahdistusta ajatellessani, että kesken juoksuni - kuten toit esille - voin kaatua enkä pääse ylös. Ehkä kaadun ihan lopussa ja silloin on peli menetetty. Voi, olen aivan kauhuissani, miten minun käy. Ole kiltti, kerro miten minun pitäisi juosta.

Vastaus: Jotta osaisit juosta oikein, kiinnitä tarkkaan huomiota seuraaviin seikkoihin:

VI YHDEKSÄN JUOKSUOHJETTA

1. Juokse oikeaa tietä

Mikäli haluat juosta taivaan valtakuntaan, varmistu että juokset sinne johtavaa tietä. Maaliin ja palkinnoille pääsystä on turha haaveilla, jos juoksee väärään suuntaan, siinä ei kova vauhtikaan auta.

Kuvitellaanpa kilpajuoksu Lontoosta Yorkiin. Jos joku kilpailija lähtisikin juoksemaan etelän suuntaan, eikä pohjoiseen kohti Yorkia, niin vaikka hän juoksisi itsensä näännyksiin, niin kovaa vauhtia kuin ikinä pystyy, ei hän pääsisi yhtään lähemmäksi voittopalkintoa, päinvastoin.

Samoin on tässäkin kilvassa. Voittoseppeleen santiin ei riitä, että juoksee vaikka kuinka nopeasti, olennaista on juosta oikeaa reittiä oikeaan suuntaan, kohti taivasta.

Tänä lyhyenä aikana, kun olen tunnustautunut uskovaksi, olen havainnut, että juostaan kyllä paljon, mutta päämäärättömästi, säntäillen sinne tänne. Pahaa pelkään, että enimmät juoksijat ovat väärillä teillä, joita kulkien voittoon ei yllä, ei vaikka kiitäisi vinhasti kuin kotka.

Joku juoksee kveekari-oppiin, toinen taas ranteri-oppiin. Joku tähtää baptismiin, toinen taas vapaakirkollisuuteen. Joku puolustaa tahdonvapaus-oppia, joku taas presbyterismiä. Ja kuitenkin saattaa olla niin, että useimmat näistä lahkoista ovat juoksemassa väärää tietä, vaikka kaikkien tavoitteena on elämä ja sielun autuus, taivaspaikka ja helvetiltä välttyminen.

Kysyt ehkä nyt, mikä on oikea tie? Saanen kertoa vastauksen - oikea tie on KRISTUS, MARIAN POIKA, JUMALAN POIKA.

Jeesus sanoo: *Minä olen tie, totuus ja elämä. Ei kukaan tule Isän luo muuten kuin minun kauttani.* (Joh. 14:6)

Joten jos tahdot pelastua, sinun tulee tutkia itseäsi ja selvittää, oletko saanut Kristuksen ja hänen lunastustyönsä omaksesi. Onko hän verhonnut sinut vanhurskaudellaan? Onko Kristus osoittanut sinulle, että hän on pessyt sinut sydänverellään puhtaaksi synneistäsi? Oletko juurrutettu häneen? Onko sinulla Kristukseen kohdistuva usko, jonka kautta saat häneltä elämän, usko, joka muuttaa sinua hä-

nen kaltaisekseen? Usko, joka antaa vakuuden siitä, että
olet vanhurskas sillä perusteella, että Kristus on vanhurs-
kautesi. Usko, joka saa sinut mielelläsi vaeltamaan Kris-
tuksen kanssa yhtä matkaa, iloiten koko sydämestäsi siitä,
että hän pelastaa sielusi.

Herran tähden, ole valppaana äläkä petä itseäsi! Älä liian
heppoisin perustein päättele olevasi oikealla tiellä, sillä jos
kuljet harhatietä, menetät taivaisen palkintosi. Ja jos sen
menetät, sielusi on hukassa, sielusi, joka on arvokkaampi
kuin koko maailma.

En selvittele tätä asiaa enemmälti, sillä olen kirjoittanut sii-
tä laajemmin kahta liittoa käsittelevässä kirjassani nimeltä
The Doctrine of the Law and Grace unfolded. Toistan: pidä
huoli sielustasi. Jotta se onnistuisi, ota vaari seuraavista
neuvoistani:

- Älä luota omiin voimiisi yhtään, vaan myönnä että
  omat avut eivät auta. Polvistu rukoilemaan Herraa ja
  pyydä häneltä Totuuden Henkeä. Tutki hänen sanaan-
  sa löytääksesi sieltä suuntaviivat ja ohjeet.

- Karta viettelijöiden seuraa, hakeudu mieluummin
  kaikkein tervehenkisimpien kristittyjen pariin, joilla
  on eniten tuntemusta ja kokemusta Kristuksesta.

- Ole todella varovainen kohdatessasi kveekareita, ran-
  tereita tai tahdonvapaus-opin kannattajia. Älä myös-
  kään veljeile liikaa joidenkin anabaptistien kanssa,
  varoitan tästä, vaikka tämän nimen alla kuljen itsekin.

Asia on haudanvakava. Pelkään että otat tämän kaiken
liian kevyesti, tajuamatta kuinka suuresta asiasta loppujen
lopuksi on kyse. Pelko, ettet ota asiaa vakavasti, jäytää tus-

kallisesti sydänjuuriani, kun tätä nyt sinulle kirjoitan.

Herra ohjatkoon sinua Hengellään tuntemaan tiensä. Olen aivan varma, että tällöin tie taivaaseen löytyy.

Sitä tietä juokse!

Mutta ennen kuin jatketaan, saanhan antaa sinulle vielä parit varoitukset.

- Varo luottamasta ulkoiseen kuuliaisuutesi, siihen että olet noudattanut Jumalan käskyjä. Varo myös ajattelemasta, että kuuliaisuutesi myötä muuttuisit Jumalan silmissä paremmaksi.

- Varo etsimästä sielunrauhaa omasta itsestäsi, kuvitellen että löydät itsestäsi hyvyyden, oikeamielisyyden ja viattomuuden, joihin rauhasi voisi perustua.

Mutta jos voit uskoa olevasi sekä syntinen että vanhurskas, vanhurskas Jumalan lahja-armosta, jota hän on rakkaudessaan sinulle osoittanut Kristuksen lunastustyön kautta, ja jos voit myös uskoa Jumalan antaneen sinulle syntisi anteeksi Kristuksen tähden, olet oikealla tiellä.

- Varo myös kuvittelemasta, että omat tekosi tai aikeesi olisivat vaikuttaneet Jumalaan siten, että hän niiden vuoksi olisi lahjoittanut sinulle armonsa.

Tämä on oikea tie, jolla Jumala sinut pitäköön; ja jos et tällä tiellä vielä ole, Jumala asettakoon sinut sille.

2. Tutki tietä

Päästyäsi tielle sinun tulee tutkia tarkoin, ajan kanssa, uudelleen ja uudelleen, millainen tämä tie on.

Ne, jotka tahtovat tulla jonkin alan asiantuntijoiksi, yleensä perehtyvät valitsemaansa alaan ja asiaan perin pohjin, ja se onkin aivan välttämätöntä. Tee sinäkin niin!

Tutustu syvällisesti Kristukseen, hän on tie. Tutki millainen hän on ja mitä hän on tehnyt. Tutki miksi hän on juuri omanlaisensa ja miksi hän on tehnyt kaikki tekonsa.

Tutki, miksi hän *otti orjan muodon* ja miksi *hän tuli ihmisten kaltaiseksi.* (Fil. 2:7) Tutki miksi hän huusi; miksi *hän kuoli;* miksi *hän kantoi maailman synnin.* Tutki, miksi hänet *tehtiin synniksi* ja miksi hänet *tehtiin vanhurskaudeksi.* Tutki, miksi hän on taivaassa fyysisenä ihmisenä ja mitä hän siellä tekee. (2. Kor. 5:21; 1. Kor. 1:30)

Pohdi ja mietiskele näitä asioita usein. Harkitse myös tarkoin, mitä kaikkea sinun kannattaisi vältellä. Jos ajatellaan vieraalla mailla kulkevia, heidän täytyy miettiä reittinsä ja suunnata kohti päämääräänsä tiettyjen maamerkkien avulla, joita voivat olla esim. pensaat, portit tai korkeat rakennukset. Jokin niistä heidän pitää ohittaa oikealta, jokin vasemmalta puolen, jotain kohti taas on suunnattava.

Toimi näin: Vältä kaikkea sellaista, mikä on selkeästi kielletty Jumalan sanassa. *Pysy kaukana tuollaisesta, -* riettaasta naisesta *- älä lähesty hänen talonsa ovea, - sillä - hänen jalkansa kulkevat alas kuolemaan, tuonelaan vetävät hänen askeleensa.* (Sananl. 5:5-8)

Älä poikkea taivastieltä oikealle äläkä vasemmalle, ei lyhyempää eikä pitempää matkaa, älä astu yhtään askelta sivuun.

Tällä tavoin juokse.

3. Heitä painolasti pois

Edellä mainittu ei vielä riitä, vaan lisäksi sinun on riisuttava yltäsi kaikki mikä vaikeuttaa matkantekoasi kohti taivaan valtakuntaa. Sinun on riisuttava yltäsi ahneutesi, ylpeytesi, haureuteen suuntautuvat himosi, ynnä muut viettisi, jotka sydäntäsi viettelevät, estääkseen sinua kilvoittelemasta taivaallisella kilparadalla.

Kilpajuoksijat, jotka tavoittelevat voittoa tosissaan, eivät kanna mukanaan painavia lasteja, tai mitään muutakaan, jonka takia voitto voisi mennä sivu suun.

Jokainen kilpailija noudattaa kaikessa itsehillintää - eli kilpailija välttää kaikkea mikä voisi olla voiton esteenä. Apostoli neuvoo: *pankaamme mekin pois kaikki, mikä painaa, ja synti, joka niin helposti kietoo. Juoskaamme kestävinä kilpailussa, joka on edessämme.* (1. Kor. 9:25; Hepr. 12:1)

Sinun aivan turha puhua taivaaseen menosta, jos annat sydämesi olla täynnä painolastia, niin ettet jaksa kävellä, saati juosta.

Eikö sinunkin mielestäsi häviölle jäänti uhkaa sellaista kilpailijaa, joka on täyttänyt taskunsa kivillä, vetänyt harteilleen painavan paltoon ja laittanut jalkaansa muhkuraiset, lonksuvat kengät?

Sama tässäkin. Puhut taivaaseen menosta, vaikka täytät taskusi kivillä, eli täytät sydämesi tällä maailmalla, jota myös kannat harteillasi, kaikkine hyvyyksineen ja nautintoineen.

Voi, voi! Älä tee niin! Sillä jos aiot voittaa, sinun on riisuttava yltäsi ja pantava pois kaikki painava, sinun on kilvoiteltava kurinalaisesti, itsesi hilliten ja halliten.

Sillä tavoin juokse.

4. Varo eksymästä

Varo joutumasta harhateille, älä astu millekään sivupolulle tai muulle tielle, joka erkanee omalta tieltäsi. Vääriä ja kiemuraisia väyliä on kyllä tarjolla, niitä pitkin vaeltava eksyy ja kulkeutuu väärään suuntaan, kohti kuolemaa ja kadotusta. Varo harhapolkuja! (Jes. 59:8)

Jokin harhatie on vaarallinen sen vuoksi, mitä tiellä kulkiessa tehdään. (Sananl. 7:25-27) Toisen harhatien vaarat taas liittyvät vääriin uskomuksiin ja opinkäsityksiin, varo omaksumasta sellaisia. Keskity tiukasti omaan reittiisi. (Sananl. 3:17) Kohdista katseesi suoraan eteenpäin.

Katsokoot silmäsi suoraan, olkoon katseesi luotu eteenpäin. Tasoita polku jaloillesi, olkoot kaikki sinun tiesi vakaat. Älä poikkea oikeaan, älä vasempaan, väistäköön jalkasi pahaa. (Sananl. 4:25-27)

Vaikka tämä neuvo on vakavalla mielellä annettu, ei sitä useinkaan vakavasti oteta. Siitä seuraa, että poukkoillaan uskonsuuntien ja oppinäkemysten välillä vilkkaasti, hyppelehditään polulta polulle, tieltä toiselle. Tällä tavoin eksytään taivaan valtakuntaan johtavalta tieltä.

Taivaaseen johtaa vain yksi tie, mutta sen rinnalla ja sen poikki risteilee monia mutkaisia ja vääriä sivuteitä ja harhapolkuja. Ja vaikka taivaan valtakunta on kaupungeista suurin, ovat muualle johtavat polut ja tiet yleensä kaikkein tallatuimpia, sillä useimmat matkalaiset kulkevat niitä pitkin. Siksi tietä taivaaseen on vaikea löytää ja yhtä vaikea on sillä pysyä, harhateiden vuoksi.

Onneksi tie voidaan tunnistaa samaan tapaan kuin jerikolaisen huoran talo aikoinaan tunnistettiin. Hän näet oli laittanut punaisen nauhan ikkunaansa tunnusmerkiksi. Vastaavasti Kristuksen kirkkaanpunaiset verivirrat vuotavat taivaan valtakuntaan johtavalla tiellä koko matkan. (Joos. 2:18)

Muista siksi katsoa löytyykö tieltäsi Kristuksen vihmontaverta, ja jos sitä löydät, ole hyvillä mielin, olet oikealla tiellä. Ole silti tarkkana, vaarana on, että petät itseäsi omilla kuvitelmillasi, jolloin voit ajautua mille tahansa polulle tai sivutielle.

Älä erehdy pitämään oikean tien tunnusmerkkinä sitä, että tiellä on miellyttävä ja ihana kulkea, vaan varmistu siitä, että tien keskiviiva on vedetty Kristuksen sydänverellä ja että siihen on kirjoitettu näin: Kristus on tullut maailmaan pelastamaan syntisiä ja vanhurskauttamaan meitä jumalattomia.

Muunlaisia teitä karta. Muista apostolin sanat: *Meillä on siis, veljet, rohkea luottamus siihen, että Jeesuksen veren kautta meillä on pääsy kaikkeinpyhimpään uutta ja elävää tietä myöten, jonka hän on vihkinyt meille esiripun, oman lihansa, kautta.* (Hepr. 10:19,20)

Miten helppoa perkeleen nykyisin onkaan viekkaasti jallittaa sieluparkoja! Se vaihtaa omien harhapolkujensa nimiksi Tie Taivaan Valtakuntaan ja Jumalan Tie. Kun muutama ihminen alkaa uskoa tällaiseen harhaan ja levittää sitä oikein huutamalla, miten nopeasti moni muukin yksinkertainen sieluparka harhautuu pois oikealta tieltä. Harhautuneet voivat saada muita mukaansa jopa joukoittain, varsinkin jos harhatie päällystetään hyvännäköiseksi muutamalla ulkokohtaisella eettisellä ohjeella.

Eksyminen tapahtuu, kun ei osata erottaa hienoksi laitettua sivutietä oikeasta taivaan valtakuntaan johtavasta tiestä. Tämä kohtalo koituu varsinkin niiden osaksi, jotka eivät ole koskaan oppineet tuntemaan Kristusta kunnolla eivätkä ymmärtäneet mitä hänen vanhurskautensa on. Heille on myös tyypillistä, etteivät he ole koskaan tunteneet omaa viallisuuttaan, vaan ovat jääneet ylpeytensä ja omahyväisyytensä valtaan. Lisäksi he pitävät sitkeästi kiinni omista näkemyksistään ja ennakkoluuloistaan.

5. Älä kurkottele korkealle, älä silmäile sivulle

Älä liikaa katsele kohti korkeuksia taivastietä kulkiessasi. Olet varmaan huomannut, etteivät kilpajuoksijat vilkuile sivuilleen eivätkä tähyile kohti korkeuksia. Vaarana nimittäin on, että jos he tuijottelevat muualle kuin eteensä, he voivat helposti kompastua nurin.

Sama pätee kilvoitellessa kohti taivasta. Jos pysähtelet tuijottelemaan jokaista mielipidettä ja uutta näkemystä mitä maailmaan ikinä pulpahtaa, jos uteliaana kurkottelet liian korkealle Jumalan salaisiin aivoituksiin, tai jos sisimmässäsi antaudut liikaa askaroimaan typerien ja mitättömien pikkuasioiden parissa, voit kohta kompastua ja langeta. Englannissa on jo käynyt monelle niin, sekä ranterismin että kveekarismin puitteissa. Lankeemus koituu heille ikuiseksi onnettomuudeksi, jos ei Jumala yllättäen ja ihmeellisesti vaikuta heihin armollaan ja siten saa heitä palaamaan takaisin.

Ole varuillasi, ettet tempautuisi tällaiseen ylpeään ja tärkeilevään henkeen mukaan, sillä silloin sinulle ei ikinä riitä mikään, vaan on aina päästävä korkeammalle. Sellaista asennetta voidaan hyvällä syyllä luonnehtia saatanalliseksi.

Daavidilla oli esimerkillisen oikea henki sanoessaan: *HERRA, minun sydämeni ei ole ylpeä, eivätkä silmäni ole korskeat. En puutu asioihin, jotka ovat minulle liian suuria ja ihmeellisiä. Totisesti, minä olen tyynnyttänyt ja rauhoittanut sieluni. Niin kuin vieroitettu lapsi äidin helmassa, niin kuin vieroitettu lapsi, niin on minun sieluni.* (Ps. 131:1,2)

Näin juokse!

6. Sulje korvasi huutelijoilta

Kun riennät reitilläsi eteenpäin, älä kuuntele, jos sinulle huudellaan. On selvää, ettei kilpajuoksija suostu pysähtymään kesken kilvan, vaikka joku huutelisi, että älä mene niin kovaa, minulla olisi asiaa, voisitko pysähtyä ja kuljettaisiin sitten yhdessä. Kilpailija vain kiirehtii eikä välitä kuunnella, korkeintaan hän vastaa, ettei voi jäädä hetkeksikään odottelemaan ja pyytää että älä häiritse, ei nyt puhuta kesken juoksun, palkinto odottaa. Palkinto, jonka viivyttelemällä menettäisi.

Näin viisaasti menettelevät ne, joilla on maallinen palkinto tähtäimessä. Eikö sinun pitäisi toimia samalla tavalla vielä suuremmalla syyllä, sinun, joka tavoittelet taivaallista, katoamatonta kunniaa?

Varoittelen sinua hyvissä ajoin, sillä tiedän että perääsi tullaan huutelemaan monelta taholta.

Perkele, synti, tämä maailma ja tyhjänpäiväinen kaveripiiri huutelevat ja pyytelevät pysähtymään juoksussasi. Hekumallinen nautiskelu, oman edun tavoittelu, arvostuksen etsiminen ja laiskanpulskea elämäntapa pyytävät pysyä mukanasi. Kerska ja korska sekä ylpeys monine kumppaneineen huutavat perääsi: - älä jätä! Kaikki ne hidastaisivat askeleitasi mielellään.

Mitä? Aiotko tosiaan mennä menojasi, perkele kysyy, aiotko luopua synneistäsi, nautiskelustasi ja oman edun tavoittelustasi? Onko tosiaan niin kiire? Etkö nyt vain voisi pysähtyä ottamaan näitä mukaasi? Aiotko jättää ystävät ja kaveritkin taaksesi? Etkö voisi toimia kuten muutkin ja kuljettaa mukanasi maailmaa, syntiä, himoja, nautiskelua, oman edun ja ihmiskunnian tavoittelua?

Varo kuuntelemasta tällaista viettelevää viekoittelua, jota törkimykset suoltavat suustaan makeasti mairitellen, saadakseen sielusi ansaan.

Salomo varoittaa: *Poikani, jos synnintekijät sinua viekoittelevat, älä suostu.* (Sananl. 1:10)

Tiedäthän, miten kovan hinnan joutui huorasta hurmaantunut nuorukainen maksamaan, hän, josta Salomo kertoo sananlaskukirjansa luvussa seitsemän:

Nainen taivutti hänet paljolla houkuttelullaan, vietteli lipevillä huulillaan. Äkkiä poika lähti hänen jälkeensä, niin kuin härkä menee teurastettavaksi, niin kuin kahlehdittu hullu kuritettavaksi, niin kuin satimeen kiiruhtava lintu.

Nuorukaiselle koitti kova kohtalo: *Hän ei tiennyt olevansa henkeään kaupalla, kunnes nuoli lävisti hänen maksansa.*

Salomo jatkaa: *Sen tähden, poikani, kuulkaa minua, tarkatkaa suuni sanoja. Älköön sinun sydämesi poiketko tuon naisen teille, älä eksy hänen poluilleen. Sillä paljon on surmattuja, hänen kaatamiaan, lukuisasti niitä, jotka hän on tappanut.*

Hän on siis saanut estettyä monia pääsemästä taivaaseen. *Hänen talostaan lähtevät tuonelan tiet, ne vievät alas kuoleman kammioihin.* (Sananl. 7:21-27)

Rakas sielu! Ota tämä neuvo omaksesi ja sano: Te, saatana, synti, himot ja hekuma, oman edun tavoittelu, ylpeys, ystävät ja toverit, ja mikä muu ikinä, jättäkää minut rauhaan, menkää pois, älkää koskaan tulko lähellekään minua, sillä olen juoksemassa kilpaa kohti taivaan autuutta, kohti sielun ikuista onnea ja pelastusta, olen juoksemassa sinne päin missä on Jumala ja Kristus, pois päin helvetistä ja ikuisesta kadotustuomiosta. Jos voitan, saan kaiken; jos häviän, menetän kaiken. Menkää pois, teitä en kuuntele.

Tällä tavoin juokse!

7. Älä anna vihollisten lannistaa sinua

Seuraavaksi annan neuvoni, että älä lannistu äläkä pelkää, vaikka matkallasi kohtaat jatkuvasti sellaista, mikä ahdistaa ja vetää mielen apeaksi. Kun Saatana huomaa, ettei se saa taivaaseen rientävää valtaansa houkutellen ja mielin kielin maanitellen, se vaihtaa taktiikkaa.

Saatana alkaa lannistaa ja painaa sinua alas, tahtoen viedä voimasi ja riistää rohkeutesi. Se sanoo sinulle näin: Olet syntinen, olet rikkonut Jumalan lakia, et kuulu valittuihin, tulet liian myöhään, armon päivä on ohitse, Jumala ei sinusta välitä, sydämestäsi puuttuu hengellisyys, olet suruton ja pelastuksesta piittaamaton. Tällaisia lannistavia väitteitä Saatana syöttää tajuntaasi roppakaupalla.

Tällaiseen jamaan joutui myös Daavid. Hän kertoo: *Olisin nääntynyt ellen olisi uskonut vielä näkeväni Herran hyvyyttä elävien maassa.* (Ps. 27:13 KJV)

Daavidin kertoman voisi pukea sanoiksi näin: Paholainen raivosi kimpussani ja sydämessäni tuntui niin pahalta, että alkoi jo tuntua siltä, että hukka perii. Mutta luotin silti luvattuun Kristukseen ja koin, että Jumala olisi sittenkin minua kohtaan hyvä, niin kuin hän on luvannut olla. Luotin että Jumala lupauksensa mukaan armahtaisi minut, kelvottoman syntisen. Siihen turvautuminen antoi rohkeutta ja esti nääntymästä.

Samalla tavalla pitää sinunkin menetellä. Kun saatana, laki ja omatuntosi ahdistavat ja pelottelevat sinua suurilla synneilläsi, sydämesi pahuudella, matkan haasteilla, kaiken hauskanpidon menetyksellä, maailman vihalla yms., sinun on silloin etsittävä rohkaisua Jumalan runsaista lupauksista, Kristuksen helläsydämisyydestä ja hänen lunastusverestään. Rohkaiskoon sinua Kristuksen monet kutsut tulla vapaasti hänen luokseen. Kannustakoon sinua sen muistaminen, miten muutkin ovat saaneet suuretkin syntinsä anteeksi. Tiedäthän että sama Jumala, saman Kristuksen kautta, armahtaa samalla tavalla kuin ennenkin, samalla lahja-armollaan.

Muistele ja mietiskele Jumalan lupauksia ja armollisuutta usein, etteivät kevyet juoksuaskeleesi taivaan taipaleella vaihtuisi raskaaksi raahustamiseksi ja lopulta matkasi katkeaisi kokonaan. Pysy rohkeana tilanteessa kuin tilanteessa ja tokaise tomerasti niille, jotka tahtoisivat syöstä sinut turmioon, näin: *Älä iloitse minusta, vihollisreni! Vaikka olenkin kaatunut, minä nousen, ja vaikka istunkin pimeydessä, Herra on minun valoni.* (Miika 7:8)

Tällä tavoin juokse!

8. Älä loukkaa itseäsi ristiin

Varo ettet loukkaannu ja pahastu ristiin, jonka kautta sinun on kuljettava taivaaseen. Sinun pitää ymmärtää, ettei kukaan pääse taivaaseen muuta tietä kuin ristin tietä, siitä olenkin jo hieman puhunut.

Risti seisoo maamerkkinä ja tienviittana osoittamassa, että juuri sen kautta on kaikkien kuljettava kunniaan.

Monen ahdistuksen kautta meidän on mentävä sisälle Jumalan valtakuntaan. (Ap.t. 14:22)

Kaikki, jotka tahtovat elää jumalisesti Kristuksessa Jeesuksessa, joutuvat vainottaviksi. (2. Tim. 3:12)

Jos olet matkalla taivaan valtakuntaan, saavut ristin kohdalle tuota pikaa, siitä panen pääni pantiksi. Herra varjelkoon, ettet silloin säikähdä ja käänny takaisin.

Jeesus sanoi kaikille: "Jos joku tahtoo kulkea minun jäljessäni, hän kieltäköön itsensä, ottakoon joka päivä ristinsä ja seuratkoon minua." (Luuk. 9:23)

Risti on alusta asti ollut taivaan tien tunnusmerkkinä ja viittana, ja on yhä edelleen.

Jos joku kyselisi sinulta tietä johonkin kohteeseen, et ehkä tyytyisi sanomaan, että mene tuota tietä, vaan olletikin selvittäisit reittiä tarkemmin. Kertoisit, että tie kulkee sen ja sen portin, aitaportaan, pensaan tai puun sivuitse, sitä ja sitä siltaa pitkin, yms.

Sama tässäkin. Jos kysyt, mikä on tie taivaaseen, vastaan että tie on Kristus. Mene hänen luokseen saadaksesi hänen vanhurskautensa omaksesi. Ja jos näin on jo tapahtunut, eli olet hänessä, tulet hetimmiten näkemään ristin, jota kohti sinun on riennettävä. Sinun on kosketettava ristiä, niin, sinun on tartuttava siihen ja nostettava se harteillesi. Muuten joudut pikapuoliin harhaan, pois taivaaseen vievältä tieltä. Eksyt jollekin äkkiväärälle sivutielle, joka johtaa alas kuoleman kammioihin.

Tulet kohtaamaan ristin seuraavissa yhteyksissä:

Vanhurskauttaminen

Vanhurskauttamisessa piilee iso risti. On tuskallista kokea oman vanhurskautensa tuho, nähdä oma kelvollisuus kelvottomuudeksi. Riipaisee sydänjuuria myöten tajuta, ettei oma hyvyys ei olekaan mitään ja että vain Kristuksen vanhurskaus on oikeaa. Omien meriittien mureneminen kouraisee kipeästi, tutustuminen itseensä on tuskien taival.

Mitä! Onko jokaisen hylättävä roskana ja raiskana, kamalana ja kelvottomana joka ikinen rukouksensa, kyyneleensä, kolehtikolikkonsa, sapatinviettonsa[1], sanan kuuntelunsa ja lukemisensa yms.? Onko tämä kaikki tosiaan heitettävä menemään kirottuna saastana, millä ei vanhurskautetuksi tule?

Onko synnintunnon tuskissa todellakin heittäydyttävä Kristuksen vanhurskauden ja kuuliaisuuden varaan, ja nähtävä oma vanhurskautensa ja oma kuuliaisuutensa kammottavana, kuoleman tuottavana syntinä, julkisena lain rikkomisena?

Vastaan sinulle vakavasti, että juuri näin sinun on todellakin toimittava. Tätä on risti, oma henkilökohtainen ristin kanto, sen painavin osuus. Juuri tästä apostoli Paavali käyttää sanoja menetys ja tappio: *Niinpä minä luen kaiken tappioksi tuon ylen kalliin, Kristuksen Jeesuksen, minun Herrani, tuntemisen rinnalla. Hänen tähtensä olen menettänyt kaiken ja pidän sen roskana, että voittaisin omakseni Kristuksen ja minun havaittaisiin olevan hänessä ja omistavan, ei omaa vanhurskautta, joka tulee laista, vaan sen, joka tulee uskosta Kristukseen, sen vanhurskauden, joka tulee Jumalasta uskon perusteella.* (Fil. 3:8,9)

Syntisen minuuden kuolettaminen

Kuolettamisessa on myös paljon ristiä. (Kol. 3:5) Onko kenenkään helppo perata pois omia pahoja näkemyksiään ja mielipiteitään? Onko kenenkään helppo nyhtää pois pahoja tapojaan ja paheitaan, hekumaa ja helmasyntejään, joiden harjoittaminen on ihan mielipuuhaa ja jotka ovat

---

1   Puritaaneilla oli tapana nimittää sunnuntaita sapatiksi.

kasvaneet kiinni omaan minuuteen tiukemmin kuin liha
luihin?

Mitä! Pitääkö minun hylätä kaikki komeus, jonka näen
omin silmin, sellaisen vuoksi, jota en ole koskaan nähnyt-
kään?

Mitä! Pitääkö minun luopua omasta ylpeydestäni, ahneu-
destani, tyhjänpäiväisestä kaveripiiristä, peleistä, huvitte-
luista ja muista mukavista nautinnoista?

On totta, ettei luopuminen tule olemaan helppoa. Jos se
olisi helppoa, miksi siihen sitten tarvittaisiin rukouksia,
syviä huokauksia ja valppautta? Jos luopuminen tapah-
tuisi helposti ja käden käänteessä, ei meidän sitten tarvitsi
olla jatkuvasti korjaamassa kurssiamme kuten nyt tarvit-
see.

Huomaat kai monien viivyttelevän, sillä he eivät hevin
ryhdy hylkäämään syntejään ja luopumaan paheistaan,
vaan mieluummin he riskeeraavat kaiken: Jumalan ja Kris-
tuksen luo taivaaseen pääsemisen, sielunsa iankaikkisen
autuuden.

Suoranaista viivyttelyähän se on, kun sanotaan: Odotetaan
vielä vähän, juuri nyt ei kannata irrottautua syntielämästä,
kun ollaan nuoria ja terveitä.

Jotkut taas suhtautuvat täyskäännökseen kylmäkiskoisesti,
he välttelevät syntiä vain silloin tällöin ja puolinaisesti, ko-
kosydäminen tahtotila puuttuu. Vaikka he tasan tarkkaan
tietävät, että parannus pitäisi tehdä, he korkeintaan lupai-
levat, mutta siihen se jää.

Voin vakuuttaa, ettei oikean käden leikkaaminen irti tai

oikean silmän repäisy pois ole (lihalle) mieluista. (Mark. 9:43-47)

Kestävyys

Taivasta kohti kilvoittelu vaatii kestävyyttä, siinä on ristiä myös. Ei riitä, että astuu ensiaskeleet, vaan on jatkettava matkaa määrätietoisesti. Ei riitä, että lausahtaa ikävöiden: voi kun pääsisi kerran taivaaseen, vaan on tutustuttava Kristukseen, pukeuduttava häneen ja vaellettava hänen kanssaan taivaan tietä.

On melko helppoa alkaa etsiä Herraa, ryhtyä suunnittelemaan taivasmatkaa ja alkaa vältellä syntiä. Mutta jatkaa matkaa Jumalan mielen mukaisella tavalla, yhä edelleen ja edelleen, vaatii todella paljon.

Mutta koska minun palvelijassani Kaalebissa - Jumala sanoo - *on toinen henki ja hän on seurannut minua täydestä sydämestään,* - eli seurannut minua herkeämättä, koko ajan - *minä vien hänet maahan, jossa hän kävi, ja hänen jälkeläisensä saavat sen omakseen.* (4. Moos. 14:24)

Miltei koko Israelin lasten monituhatpäiseltä joukolta eli lähes koko sukupolvelta, joka vaelsi Egyptistä kohti Kaanan maata, katosi matkalla tarvittava kestävyys. Matkaan he toki olivat lähteneet innolla ja iloissaan, mutta sitten into lopahti ja matkanteko alkoi kyllästyttää. Heidän sydämensä kääntyi kaipaamaan takaisin Egyptiin.

On helppoa juosta vauhdilla pieni pikamatka, furlonki tai pari mailia, mutta toista on suoriutua sadasta tai tuhannesta tai peräti kymmenestätuhannesta mailista. Pitkälle kestävyysmatkalle lähtevän on varauduttava matkalla kantamaan ristiä sekä kokemaan vaivaa ja ahdinkoa. Ihmisen turmeltunut luonto ei sellaisesta pidä. Etenkin orjantappuraiset polut, liejusoiden ylitykset ja muut työläät taipaleet tekevät matkanteon tuskallisen raskaaksi.

Etkö näekin omin silmin päivittäin, miten kestävyys kilvoituksessa on niin painava osa ristiä, että se saa monet väsähtämään?

Voisin mainita monia, jotka kuljettuaan Jumalan tietä muutamia kuukausia tai vuosia, ovat antaneet periksi jo ennen kuin ovat päässeet matkallaan kohti taivasta edes puoleen väliin. Synti jos toinenkin on tullut taas tavaksi. Sitten he ovat kahden kesken tai joskus julkisestikin sanoneet, että tie on liian kaita, kilvoittelu kestää liian kauan, kristinusko on liian pyhää, en kestä enää, joten lopetan.

Itsekieltäymys, kärsivällisyys ja pyhäin yhteys heikoimpienkin pyhien kanssa

Raskaalta ristiltä tuntuvat myös mainitsemani kärsivällisyys, itsekieltäymys ja pyhäin yhteys, nimittäin kumppanuus ja yhteydenpito heikoimpienkin pyhien kanssa.

Miten raskasta tämä kaikki onkaan! On helppoa jaella kieltoja toisille, mutta kieltää omaa itseään ei olekaan yhtä helppoa. Rakkauteni Jumalaan, hänen evankeliumiinsa ja hänen pyhiinsä vaatii minua hylkäämään monet sallitut, lainmukaiset asiat, etten viettelisi ketään pahaan. Siinä on ristiä!

Tätä raamatunjaetta harvoin luetaan ja vielä harvemmin noudatetaan: *Jos ruoka on viettelykseksi veljelleni, en enää ikinä syö lihaa, etten olisi veljelleni viettelykseksi.* (1. Kor. 8:13)

Sama asia löytyy Roomalaiskirjeestä: *Meidän vahvojen tulee kantaa heikkojen vajavaisuuksia eikä elää itsellemme mieliksi.* (Room. 15:1)

Mutta voi kuinka töykeitä, piittaamattomia ja omapäisiä onkaan suurin osa aikamme uskovista! Voi miten vähän he välittävät köyhistä, korkeintaan tokaisevat: *Mene rauhassa, lämmittele ja syö kylliksesi.* (Jaak. 2:16) Omastaan antaminen on käynyt harvinaiseksi, varsinkin köyhälle antaminen. (Gal. 6:10)

Sanon sinulle, että nämä asiat ovat lihalle ja verelle risti. Se, joka valppain silmin tarkkailee itseään ja omaa pahuuttaan pystyen jossain mitassa hallitsemaan itseään, saa huomata oman sydämensä suitsimattoman hevosen kaltaiseksi, joka villinä ja vikurina syöksähtelee ja laukkaa mihin mielii, tekipä ratsastaja mitä hyvänsä.

Ristin vuoksi monilta jää matka kesken, joten he eivät saavuta taivasta. Olen varma, että ellei ristiä olisi, meillä olisi yhden uskovan sijasta kaksikymmentä, sillä nimenomaan risti vähentää väkeä.

Kuten edellä mainitsin, jotkut eivät ristin kohdalle tultuaan jaksa jatkaa pitemmälle, vaan heistä tuntuu siltä, että vanhoihin synteihin on palattava. Jotkut kompastuvat ristiin niin pahasti, että taittavat niskansa. Jotkut taas havaitessaan, että risti alkaa tulla näkyviin, astuvat tieltä sivuun, toiset vasemmalle, toiset oikealle, aikoen mennä taivaaseen jotain muuta tietä, mutta he eksyvät harhateille. *Kaikki, jotka tahtovat elää jumalisesti Kristuksessa Jeesuksessa, joutuvat vainottaviksi.* (2. Tim. 3:12) Joutuvat, niin apostoli vakuuttaa. Huomaathan että joutuminen vainottavaksi on varma asia.

Vain harva kohdatessaan ristin huudahtaa: Tervetuloa, risti! Näin ovat jotkut marttyyrit huudahtaneet, kun heitä on viety polttoroviolle.

Joten kohtaatpa matkallasi, vaikka minkälaista ristiä, älä hätäänny, äläkä lannistu. Älä voivottele tappiomielellä, että mitä tästä enää tulee, vaan pysy rohkeana muistaen, että tie taivaan valtakuntaan kulkee ristin kautta.

Eikö paholainen olekin vihannut joka ikistä Kristukseen uskovaa? Voiko kukaan tunnustaa uskoaan Kristukseen ystävällisin sanoin ja perustellen, joutumatta kuulemaan saatanan lasten pilkkahuutoja? Sopiiko pimeys valon kanssa yhteen? Kun paholainen huomaa uskovaisten kunnioittavan Kristusta Jeesusta sekä uskomalla häneen että elämällä hyvällä, taivaallisella tavalla yhteydessä häneen, niin jättääkö se uskovaiset rauhaan?

Oletko koskaan lukenut lohikäärmeen vainonneen naista (Ilm. 12:13) tai Kristuksen näitä sanoja: *Maailmassa teillä on ahdistus.* (Joh. 16:33)

9. Pyydä Hengen valoa ja paloa

Pyydä Jumalaa vaikuttamaan sinuun kahdella tavalla:

Ensiksi, valaisemaan ymmärryksesi, ja toiseksi, sytyttämään tahtosi palavaksi.

Hengen valoa

Yksi suurimmista syistä, miksi miehet ja naiset melko vähän välittävät toisesta maailmasta, on se, että he näkevät sitä vain vähän. Ja siihen taas on syynä heidän ymmärryksensä pimentyminen.

Paavali varoittaa uskovia: *Älkää enää vaeltako niin kuin pakanat turhanpäiväisissä ajatuksissaan. Heidän ymmärryksensä on pimentynyt, ja he ovat vieraantuneet Jumalan elämästä tietämättömyytensä - tai typeryytensä - ja sydämensä paatumuksen* (KJV: sydämensä sokeuden) tähden. (Ef. 4:17,18) Älkää vaeltako niin kuin he, älkää juosko heidän kanssaan.

Voi sieluparkoja! Heiltä on käsityskyky pimentynyt ja sydän sokeutunut, siksi he eivät välitä Herrasta Jeesuksesta Kristuksesta eivätkä omasta pelastuksestaan.

Toisin on, kun ihminen saa nähdä mitä toisessa maailmassa on odotettavana, kun hän saa nähdä millainen Jumala, millainen Jeesus, millainen taivas, iankaikkinen ilo ja kunnia siellä odottaa, ja kun hän saa tietää, että hänellä on mahdollisuus päästä siitä kaikesta nauttimaan, hän puskee vaikka läpi harmaan kiven taivaaseen päästäkseen.

Mooses oli saanut valaistuksen ymmärrykseensä, joten hänen silmiinsä siinsivät taivaalliset tulevaisuudennäkymät. Siksi hän ei pelännyt kuninkaan vihaa ja piti parempana kärsiä yhdessä Jumalan kansan kanssa kuin saada synnistä hetkellistä nautintoa. Hän kieltäytyi kantamasta faaraon tyttären pojan nimeä, pitäen unelmiensa aarteena ja arvona, saada kärsiä Kristuksen vuoksi, Kristuksen köyhien ja halveksittujen pyhien kanssa. Näin Mooses ajatteli ja toimi, lopullista palkintoa tavoitellen, koska hän sai nähdä hänet, joka oli näkymätön. (Hepr. 11:24-27)

Juuri tällaista apostoli usein kirjeissään toivoo ja rukoilee pyhille, näillä sanoilla:

*Minä rukoilen, että meidän Herramme Jeesuksen Kristuksen
Jumala, kirkkauden Isä, antaisi teille viisauden ja ilmestyksen
Hengen hänen tuntemisessaan ja valaisisi teidän sydämenne
silmät, jotta tietäisitte, mikä on se toivo, johon hän on teidät kut-
sunut ja miten suuri on hänen perintönsä kirkkaus hänen pyhis-
sään.* (Ef. 1:17,18)

Sekä näillä sanoilla: *Rukoilen, että te, rakkauteen juurtuneina
ja perustuneina, voisitte yhdessä kaikkien pyhien kanssa käsit-
tää, mitä on leveys, pituus, korkeus ja syvyys, ja oppia tunte-
maan Kristuksen rakkauden, joka on kaikkea tietoa ylempänä.*
(Ef. 3:17-19)

Sinun kannattaa rukoilla Jumalaa valaisemaan ymmär-
ryksesi, sillä siitä on iso apu. Valaistu ymmärrys antaa
voimia kestämään vaikka kuinka kovia kolhuja Kristuksen
tähden, kuten Paavali sanoo: *Valoon päästyänne te kestitte
monet kärsimysten aiheuttamat kamppailut. Iloiten te hyväk-
syitte omaisuutenne ryöstön, sillä tiesitte, että teillä on parempi
omaisuus, joka pysyy.* (Hepr. 10:32-34)

Jos tiellä lojuisi äärimmäisen kallis jalokivi, eikä kulkija
näkisi sitä, hän vain astuisi sen päälle, sen sijaan että ku-
martuisi poimimaan sen talteen.

Sama taivasasioissa: vaikka ikuinen taivaan autuus on
mittaamattoman arvokas aarre, jota varmasti tarvitset, niin
ellet sitä näe, tarkoitan että jos et ole saanut valoa, joka
avaisi ymmärryksesi silmät näkemään taivasasioita, et
pidä niitä minään.

Pyydä Herraa antamaan armolahjana sinulle valoa. Sano
näin:

Herra, avaa sokeat silmäni, Herra, ota peite pois pimeän

sydämeni päältä, Herra, näytä minulle tulevaa maailmaa ja sen ihanuutta, kauneutta ja kirkkautta, Kristuksen tähden. Aamen.

Tämä siis ensiksi.

Hengen paloa

Toiseksi, rukoile Jumalaa sytyttämään sieluusi palava halu toiseen maailmaan. Tiedäthän että jos joku tahtoo kokosydämisesti ja päättäväisesti tehdä jotain, hän ei lopeta työtään kesken, ellei tule aivan mahdotonta estettä.

Paavalia ei pidätellyt eikä lannistanut mikään lähtemästä ylös Jerusalemiin, eivät edes odotettavissa olevat kärsimykset siellä, sillä hän oli tehnyt vakaan päätöksen lähteä. *Paavali sanoi: Minä olen valmis, en ainoastaan sidottavaksi vaan myös kuolemaan Jerusalemissa Herran Jeesuksen nimen tähden.* (Apt. 21:13)

Hän oli liekeissä rakkaudesta Kristukseen, joten mitkään toppuuttelut eivät tepsineet. Hän paloi halusta lähteä.

Yleensähän ne, jotka itsepäisesti tekevät mitä haluavat, ovat hankalia, he kun eivät puhetta usko. Mutta voimakas, periksiantamaton tahto kohti taivasta on kilvoittelijalle vain eduksi. Kun taivaaseen juoksijaa siivittää palava halu voittoon, hän katsoo vain eteensä ja painaa jääräpäisesti menemään.

Tällainen kilvoittelija sanoo: Taivasta tavoittelen enkä päätöstäni pyörrä. Teen kaikkeni saadakseni voiton, teen kaikkeni tuottaakseni vihollisilleni tappion. Periksi en anna niin kauan kuin henki pihisee. Mieluummin kuolen kuin menetän taivasosuuteni.

Vaikka hän surmaa minut, häneen minä panen toivoni. (Job 13:15) *En päästä sinua, ellet siunaa minua.* (1. Moos. 32:26)

Oi miten luja tahto taivaaseen! Siunattu, palava halu autuuteen! Tahtotila vailla vertaa!

Halullinen sielu saa kaikista asioista lisää intoa ja kannustetta, haluton taas näkee kaikkialla esteitä ja masentuu. Näin toimivat niin pyhät kuin syntisetkin, sekä Jumalan lapset että perkeleen lapset.

Kun entisaikojen pyhillä oli määrätietoinen tahto päästä taivaaseen, pystyikö mikään estämään heitä sinne rientämästä? Pystyikö heitä estämään palava polttorovio, miekka, hirttoköysi, löyhkäävä vankityrmä, ruoska, karhut, härät, leijonat, julmat kidutuslaitteet, kivitys, nälkä, alastomuus tms.? (Hepr. 11.) Ei pystynyt, vaan niissä kaikissa he saivat täydellisen voiton hänen kauttaan, joka rakasti heitä, ja teki heidät halullisiksi ja alttiiksi hänen voimansa päivänä. (Room. 8:37; Ps. 110:3)

Tarkastellaanpa vastavuoroisesti millaisia ovat perkeleen lapset. Koska heitä ei taivaaseen meno kiinnosta, he ovat mestareita keksimään kaikenlaisia verukkeita.

Olen mennyt naimisiin ja näin saanut vaimon, minulla on maatila, loukkaisin tilusteni vuokraisäntää, olen renki ja isäntäni pahastuisi, pilaisin kauppasuhteeni, menettäisin ylpeyteni, enää ei olisi mitään kivaa, minua haukuttaisiin ja herjattaisiin - tässä syitä miksi taivasmatkalle ei tohdita lähteä.

Jotkut taas sanovat siirtävänsä lähtöään myöhemmälle iälle, siihen asti, kunnes lapset ovat lähteneet pesästä tai että jokin hanke tai liiketoimi on saatu valmiiksi.

Voi voi. Estelyn todellinen syy piilee siinä, että he eivät halua. Sillä jos heillä olisi aito halu ja tahto lähteä matkaan kohti taivaan autuutta, tuhannetkaan tällaiset syyt eivät pitelisi heitä sen enempää kuin köydet Simsonia, joka katkoi köytensä kuin hiiltyneet pellavarihmat. (Tuom. 15:14)

Sanon sinulle, että omasta halusta ja tahdosta riippuu kaikki. Tahto saa pyörät pyörimään joko eteen tai taakse, sen tietää Jumala, mutta sen tietää myös perkele. Siksi he molemmat auliisti valavat lujaa tahdonvoimaa palvelijoihinsa.

Jumala tahtoo, että hänen omansa palvelisivat häntä entistäkin halukkaammin. Perkele taas tahtoo hallita ja vallita omiensa tahtoa, himoja ja haluja, saada heidät rakastamaan syntiä. Kristus, huomatessaan perkeleen vaikutusvallan, sanoo: *te ette tahdo tulla minun luokseni.* (Joh. 5:40) *Kuinka usein olenkaan halunnut koota yhteen sinun lapsesi, niin kuin kanaemo kokoaa poikasensa siipiensä suojaan. Mutta te ette ole tahtoneet.* (Luuk. 13:34)

Perkeleellä oli näiden ihmisten tahto taskussaan, niinpä se saattoi pitää heitä omanaan.

Huuda ja rukoile Jumalaa avuksesi, pyydä että hän sytyttäisi tahtosi palamaan halusta kohti taivasta ja kohti Kristusta. Sillä jos ehdottomasti tahdot taivaaseen, sinua ei lannista mikään. Tällaista tahdonvoimaa osoitti Jaakob painiessaan enkelin kanssa. Vaikka häneltä lonkka nyrjähti, hän ei lannistunut vaan jatkoi ja vaati: *En päästä sinua, ellet siunaa minua.* Jaakob oli sitkeä ja sisukas, hän tiesi mitä tahtoi. (1. Moos. 32:25-27)

Kun taivaallinen armo saa terästää tahdonvoimasi ja valaa

sinuun lujaa päättäväisyyttä, selviät vaikka mistä, silloin mikään ei lannista sinua matkallasi, vaan kiidät täyttä vauhtia kohti taivasta. Mutta jos emmit ja epäröit, etkä tiedä mitä tahdot, kulkusi kohti taivasta tulee olemaan horjumista puolelta toiselle, kompastelet ja kompuroit, kunnes matkantekosi katkeaa kesken.

Herra antakoon sinulle päättäväisyyttä, palavaa tahtoa ja rohkeutta!

Olen nyt antanut sinulle nämä ohjeeni, miten juosta kohti taivaan valtakuntaa. Pidä ohjeet visusti mielessä, jotta pysyisit tiellä ja matkalla.

Muistisi tueksi tahdon antaa sinulle pikku muistilapun, jossa ohjeeni lyhyesti. Tässä, ole hyvä:

VII MUISTA!

1. Astu tielle ja lähde matkaan.

2. Perehdy tiehen.

3. Riisu yltäsi ja pane pois kaikki, mikä voi estää ja haitata matkantekoa.

4. Varo harhateitä!

5. Älä vilkuile äläkä tuijottele ympäriinsä, vaan katso tarkoin mihin astut.

6. Älä pysähdy, vaikka sinua huudeltaisiin odottamaan, pyytelipä sinua maailma, oma paha minuus tai perkele, sillä kaikki ne tahtoisivat estää matkantekosi, jos vain mahdollista.

7. Älä anna minkään vastoinkäymisen lannistaa.

8. Älä loukkaannu ristiin.

9. Rukoile hartaasti Jumalaa, että hän valaisisi sydämesi, tekisi tahtosi palavaksi ja siunaisi matkasi perille saakka.

Ennen kuin lopetamme, sallinet minun vielä nostaa esiin joitain syitä, miksi taivasta kohden kannattaa lähteä kilvoittelemaan. Kannustakoot ja herätelkööt ne sinua lähtemään ja antakoot ne hitaalle sielullesi lisää vauhtia tärkeällä matkallasi.

VIII KANNUSTUSTA KILVOITTELUUN

Palkinto on mahtava

Taivaaseen johtaa vain tämä yksi tie, kilparata, jossa joko voittaa tai häviää. Jos voitat, saat taivaan, Jumala ja Kristus ovat omasi, saat kunnian ja kirkkauden, hyvyyden, rauhan, elämän - ikuisen elämän - kaikki tämä kuuluu voittopalkintoosi. Sinusta tehdään taivaan enkelien kaltainen, enää et itke etkä murehdi, ahdistuneet huokauksesi ovat loppuneet, tuskaa et enää tunne. Olet synnin, helvetin, kuoleman, paholaisen ja haudan ulottumattomissa, mikään ei voi yltää tekemään sinulle vahinkoa.

Mutta jos häviät, käy päinvastoin. Menetät taivaan, kunnian ja kirkkauden, Jumalan, Kristuksen, hyvyyden ja rauhan, sanalla sanoen kaiken, mikä tekee pyhille ikuisuudesta ihanan. Häviön myötä suistat itsesi ikuiseen kuolemaan, murheeseen, piinaan ja synkkään pimeyteen. Joudut viettämään iäisyytesi kadotuksessa pirujen seurassa.

Kadotus on kannoillasi

Näethän että perkele, helvetti, kuolema ja kadotustuomio
ajavat sinua takaa niin kovaa kuin vain voivat, ja sen ne
tekevät lain käskystä, lain, jota olet rikkonut syntiä tehden.
Herran tähden, pidä nyt kiirettä!

Jos ne tavoittavat sinut ennen kuin pääset turvakaupun-
kiin, ne tekevät matkastasi lopun ikiajoiksi. Joten juokse
jo!

Kristus odottaa sinua

Katso, nyt ovat taivaan portit auki, Kristus tahtoo koko
sydämestään ottaa sinut avosylin vastaan. Takanasi kiitää
perkele, tavoittaakseen ja tuhotakseen sinut, edessäsi sei-
soo Kristus kädet levällään toivottaakseen sinut tervetul-
leeksi. Sinulla on todella aihetta panna töpinäksi!

Katso palkintoon

Suuntaa katseesi tiukasti kohti voittopalkintoa, pidä koko
ajan mielessäsi mitä kaikkea onkaan luvassa, ettet väsyisi
ja lopettaisi kesken. Monille käy siten, varsinkin näistä
kahdesta syystä: joko he eivät ota selvää palkinnon ar-
vosta tai jos ottavatkin, he pelkäävät, että se on heille liian
hyvää.

Yleisin syy jäädä taivaspaikkaa vaille on kuitenkin ensiksi
mainittu, kun ei tajuta miten arvokas asia taivas kaikki-
neen on.

Välttyäksesi tältä vaaralta muista aina katsella mitä kaikkea hienoa, ihanaa ja kaunista on voittajille tarjolla, he saavat nauttia ja tuntea lohtua ja rauhaa taivaan täydeltä.

Se sai apostolin puskemaan läpi kaikkien vastusten, hän ei välittänyt hyvästä eikä huonosta maineestaan, häntä ei pidätellyt vaino eikä ahdinko, ei nälkä eikä alastomuus. Apostolia ei lannistanut merihätä, kahleet eikä vankeus.

Katse kiinnitettynä taivaalliseen voittopalkintoon ovat uskovat kestäneet lujina, vaikka heitä on kivitetty, sahattu kahtia, vaikka heiltä on porattu silmät pois päästä, vaikka heitä on grillattu ja halstrattu, kieli leikattu irti, vaikka heitä on keitetty padassa, heitetty villipetojen syötäväksi, poltettu roviolla, piiskattu kaakinpuussa tai kidutettu tuhansilla muilla kammottavilla tavoilla.

He kestivät, sillä he eivät kiinnittäneet katsettaan näkyviin, eli tämän maailman asioihin, vaan näkymättömiin, sillä näkyvät ovat ajallisia mutta näkymättömät ikuisia. (2. Kor. 4:18)

Ikuisuus - mikä mahtava sana! Ikuisuus sai heidät kieltäytymään tarjotusta vapaudesta, sillä he tiesivät saavansa parempaa, kun ylösnousemuksen aika koittaa. (Hepr. 11:35)

Usko, että palkinto kuuluu sinulle

Kun sinulle alkaa hahmottua taivaan yletön ihanuus, älä sorru ajattelemaan ja sanomaan, että näin hyvää minä en voi saada. Tähdennän, että taivas on valmistettu ihan kaikille, jotka sinne haluavat, sinne heidät toivotetaan sydämellisesti tervetulleeksi. Huomaathan, että taivaaseen on päässyt yhtä pahoja kuin sinäkin, sinne ovat menneet kelvoton ryöväri ristinpuulta ja kerjäläinen Lasarus, yms.

Taivas on nimenomaan tarkoitettu köyhille. Apostoli Jaakob sanoo: *Kuulkaa, rakkaat veljeni! Eikö Jumala ole valinnut niitä, jotka ovat maailman silmissä köyhiä, olemaan rikkaita uskossa ja sen valtakunnan perillisiä, jonka hän on luvannut häntä rakastaville?* (Jaak. 2:5)

Siksi sinä, juuri sinä, lähde vaan rohkeasti kohti taivasta!

Muistele edesmenneitä

Muistele usein niitä, jotka ovat jo ennen sinua päässeet taivaaseen. Ajattele, he ovat todellakin siellä! Miten turvallista heillä onkaan levätessään Jeesuksen käsivarsilla - niin, mieti, palaisivatko he takaisin, vaikka saisivat tuhat maailmaa? Mieti, ehkäpä hekin pelkäsivät turhaan, ettei Jumala vastaanota heitä mielellään taivasten valtakuntaan? Mutta nyt he saavat paistatella Jumalan ikuisessa mielisuosiossa.

Entä mitä arvelisit heidän tuumivan, jos he kuulisivat, että mielesi alkaa muuttua kesken matkan, synnit alkavat taas maistua niin makeilta, että mietit jo kilvoittelusi keskeyttämistä? Eivätkö he siellä ylhäällä pitäisi sinua hulluistakin hulluimpana?

Eivätkö he sanoisi sinusta: - Voi että hän näkisi saman mitä me näemme, tuntisi mitä me tunnemme ja maistaisi samoja herkkuja kuin me! Voi kun hän olisi täällä vaikka varttitunnin tai tunnin, katsellakseen, tunteakseen, maistaakseen ja nauttiakseen edes tuhannesosaa siitä mitä me täällä saamme nauttia, miten se häneen vaikuttaisikaan!

Mitkä kärsimykset hän sitten kestäisikään! Mistä kaikesta hän pystyisikään luopumaan? Rakastaisiko hän syntiä ja alhaista maailmaa enää? Arastelisiko hän vielä ystäviään, kauhistaisiko häntä edes julmien tyrannihallitsijoiden kovimmatkaan uhkaukset?

Ne, jotka uskossa ovat saaneet nähdä välähdyksenkin kaukaisuudessa siintävästä taivaan autuudesta, ovat saaneet tuntea lohtua ja turvaa, silloin heidän sydämensä on virittynyt ilosta. Kuin keväiset laululinnut he ovat riemurinnoin visertäneet, ettei mikään saa tulla esteeksi heidän taivasmatkalleen.

Toisinaan, kun olen omassa pahassa sydämessäni tuntenut vetoa tähän maailmaan ja askeleeni ovat taivasmatkallani siksi hidastuneet, minulle on ollut avuksi uppoutua ajattelemaan, millaista on kirkkautta hohtavilla pyhillä ja enkeleillä taivaassa. On hyvä ajatella, mitä he saavat taivaassa nauttia, miten he saavat iloita ja riemuita. He varmasti pitävät halpana kaiken, mitä tässä maailmassa on ja sydämeeni nousevia ajatuksia takaisin kääntymisestä he pitäisivät pähkähulluina.

Tällaiset mietteet ovat saaneet minut rynnistämään uusin innoin eteenpäin ja heittämään mielestä pois kaikki tyhjänpäiväiset ja ala-arvoiset, syntiin ja maailmaan päin suuntautuvat ajatukset ja asenteet. Olen silloin rohkaissut omaa sieluani sanoen: Eteenpäin sieluni, ei lannistuta! Muistetaan, millainen on taivas ja riskeerataan sen vuoksi kaikki, taivaaseen mennään, maksoi mitä maksoi.

Varmasti Aabrahamilla, Daavidilla ja Paavalilla, kuten muillakin Jumalan pyhillä oli järki päässä, siinä kuin nykyihmisilläkin, mutta silti he luopuivat kaikesta, päästäkseen kirkkauden valtakuntaan.

Siksi, sieluiseni, heitä pois häijyt ja haisevat himosi ja noudata vanhurskautta, toimi kaikessa oikein. Rakasta Herraa Jeesusta ja omistaudu Herran pelossa hänelle. On takuuvarmaa, että hän antaa sinulle kerran kunnon korvauksen.

Lukijani, mitä sinä tähän sanot? Oletko tehnyt päätöksen seurata minua? Kiri ja kiirehdi mieluummin edelleni, jos mahdollista.

Juokse siis niin, että saat palkinnon!

Jeesus kantaa sinua

Rohkaistakseni sinua vielä lisää, kehotan pinkaisemaan matkaan tietäen, että kun olet juossut itsesi näännyksiin, Herra Jeesus nostaa sinut syliinsä ja kantaa sinua eteenpäin.

Eikö siinä jo ole syytä jokaiselle sieluparalle lähteä kilvoittelemaan? Sinä ehkä estelet ja emmit, valitat surkeasti sanoen: Voi mutta minä olen heikko, minä olen ontuva tai muuten vaivainen.

Niin, sellainen taidat ollakin, mutta muista että Kristuksella on syli. Tiedä, että juostuasi itsesi uuvuksiin, hän nostaa sinut syliinsä. *Hän kokoaa karitsat käsivartensa turviin ja kantaa niitä sylissään, johdattelee imettäviä lampaita.* (Jes. 40:11)

Tällä tavoinhan isät rohkaisevat lapsiaan, sanoen: Juokse, lapsikulta! Ja kun väsähdät, nostan sinut syliini ja kannan sinua. *Hän kokoaa karitsat käsivartensa turviin ja kantaa niitä sylissään.*

Lopen uupuneet kannetaan.

Saat uutta voimaa

Herra voi myös vuodattaa sieluusi uutta voimaa taivaasta: *Nuorukaiset väsyvät ja uupuvat, nuoret miehet kompastuvat ja kaatuvat, mutta ne, jotka Herraa odottavat, saavat uuden voiman. He kohottavat siipensä kuin kotkat. He juoksevat eivätkä uuvu, he vaeltavat eivätkä väsy.* (Jes. 40:30,31)

Olisiko tähän minulla enää lisättävää? Olenhan jo kertonut monelta kannalta, miksi taivaaseen kannattaa lähteä rientämään.

Taivas tarjoaa hyvän ja mieluisan asunnon, ruoka on hyvää ja herkullista, saat levätä Kristuksen rinnoilla ja nauttia taivaan autuudesta. Olenhan maininnut, että kaikkea tätä onnea, iloa ja riemua riittää runsaasti ja loputtomiin. Mutta jos yrittäisin kuvata taivasta täydelleen, en minä eikä kynäni siihen kykenisi.

Pahoilla on puhtia, entä sinulla?

Eikö myös perkeleen ja sen palvelijoiden ahkeruuden ja aktiivisuuden tulisi antaa potkua ja vauhtia sinulle, joka tahdot taivaan ikionneen? Perkele ja sen palveluskunta ei hukkaa sekuntiakaan eikä säästele vaivojaan pyrkiessään suistamaan sekä itsensä että kaikki muutkin tuhoon ja turmioon. Eikö meidänkin tulisi olla yhtä aktiivisia pelastuaksemme taivaaseen?

Maailman ihmiset eivät välitä, vaikka heidän sielunsa joutuu kadotukseen, kunhan vain saavat halvan ja katoavan kunnian seppeleen päähänsä. Pitäisikö meidänkään välittää, jos meiltä sattuu katoamaan jotain vähäarvoista, kunhan vain saamme ikuisen kunnian seppeleen?

Maailman ihmiset eivät piittaa, vaikka he menettävät iankaikkisuusystävänsä kuten Jumalan, joka rakastaa; Kristuksen, joka lunastaa; Pyhän Hengen, joka lohduttaa. He menettävät taivaan, joka tarjoaa ikuisen asunnon ja pyhien ja enkelten seuran.

Näistä kaikista he ovat valmiit luopumaan, kunhan vain saavat viettää syntielämää tämän maailman malliin ja kaveerata pahanilkisten, viinaan menevien, kiroilevien, valehtelevien ja ahneiden surkimusten kanssa, sellaisten kuin he itsekin ovat.

Eikö meidänkin tulisi olla vähintään yhtä aktiivisia ja määrätietoisia kuin he? Eikö meidänkin pitäisi tavoitella omaa, iankaikkista ja kunniankirkasta ystäväpiiriämme samanlaisella – ei, vaan satakertaisella - innolla kuin he? Eikö meidänkin pitäisi olla heidän tapaansa valmiina menetyksiin, sillä mehän menetämme vain ajallista ja mitätöntä, mutta saamme tilalle kymmentuhatkertaisesti parempaa?

Todetaankohan tuomiopäivänä, että jumalattomat juoksivat joutuisammin kohti kadotusta kuin mitä sinä juoksit kohti taivasta? Tuleeko silloin ilmi, että he ahkeroivat tunnista tuntiin, päivästä päivään, aamuvarhaisesta iltamyöhään, helvettiin päästäkseen, että he kuluttivat enemmän aikaa pahoilla teillään kuin mitä sinä kulutit taivasta tavoitellen, taivasta, joka on tuhansin ja tuhansin kerroin parempi kuin mikään?

Jottei näin kävisi, pane juoksuksi ja laita kaikkesi likoon.

Tässä olen nyt puhunut sinulle jotakin, vaikkakin vain vähän. Seuraavaksi opastan, miten annettuja neuvoja sovelletaan käytäntöön, sitten lopetan.

IX OHJEET KÄYTÄNNÖSSÄ

Tutki itseäsi, oletko oikealla tiellä!

Näethän nyt, että sen, joka haluaa päästä taivaaseen, on juostava. Hänen on juostava tosissaan ja hänen on juostava koko ajan, ilman keskeytyksiä. Hänen on riisuttava pois kaikki, josta olisi kilvassa haittaa.

Sanohan, juoksetko sinäkin niin?

Tutkitaanpa hiukan.

Oletko tullut oikealle tielle? Oletko Kristuksen vanhurskaudessa? Älä sano sydämessäsi, että kyllä olen, jos se ei ole totta. Ymmärräthän että on vaarallista uskotella olevansa oikealla tiellä, jos kuitenkin on väärällä. Jos kuvittelet, että väärä tiesi on oikea, et tule oikealle tielle koskaan hakeutuneeksikaan, ja vaikka sanoisitkin rientäväsi taivasta kohti, askeleesi eivät sinne johda.

Voi miten surkeassa jamassa useimmat ovat, uskotellessaan juoksevansa oikeaa tietä, vaikka he eivät ole oikealle tielle koskaan edes astuneet!

Herra antakoon sinulle ymmärrystä tähän asiaan, jottet joutuisi iankaikkiseen kadotukseen.

Ystävä hyvä, tutki nyt omaa sieluasi, kerro milloin hylkäsit sekä omat syntisi että oman vanhurskautesi saadaksesi Jeesuksen Kristuksen vanhurskauden? Näetkö todellakin olevasi hänessä? Onko hän sinulle kalliimpi kuin koko maailma?

Ajatteletko häntä jatkuvasti? Tahdotko koko sydämestäsi

sekä puhua hänestä että vaeltaa hänen seurassaan? Onko hänen seuransa sinulle arvokkaampi asia kuin koko maailma? Tuntuuko kaikki tyhjältä, elottomalta ja turhalta ilman häntä? Saako hänen läsnäolonsa kaiken tuntumaan ihanalta ja muuttaako hänen poissaolonsa kaiken karvaaksi?

Rakas sielu, ota autuuden asioihin perehtyminen sydämellesi, tutki tarkoin, miten sielusi pääsisi taivaaseen ja välttyisi kadotukselta. Asia on niin tärkeä, että kannattaa varoa tekemästä hätiköityjä ja perusteettomia päätelmiä.

Entä oletko poistanut päältäsi painolastit? Oletko heittänyt menemään tähän maailmaan kuuluvat asiat kuten ylpeyden, nautiskelun, oman edun tavoittelun, himot ja halut sekä kaikenlaiset turhuudet?

Mitä? Etkö? Luuletko tosiaan pystyväsi juoksemaan tarpeeksi vinhaa vauhtia, jos kannat sydämessäsi tätä maailmaa, syntejäsi ja alhaisia viettejäsi?

Rakas sielu, saanhan sanoa sinulle, että vaikeuksia on niilläkin, jotka ovat laittaneet pois kaiken mikä painaa, kaikki synnit, voidakseen panna parastaan juoksussa. Hekin kokevat kovaksi urakaksi juosta kestävinä pysyen. On painettava päin vastustajien sankkaa joukkoa, rynnistettävä yli vastusten, yli esteiden ja vaikka läpi harmaan kiven. On kiidettävä ja liidettävä yli ansojen, joita Perkele, synti, maailma ja oma sydän asettavat eteen. Vakuutan sinulle, että meno taivaaseen ei tule olemaan kevyttä ja helppoa matkantekoa.

Oletko todella laittanut oman painolastisi pois? Älä viitsi puhua taivaaseen menosta, jos et ole. Pelkään pahoin, että löydät itsesi niiden monien seasta, *jotka yrittävät päästä si-sälle mutta eivät voi.* (Luuk. 13:24)

Jaksaa, jaksaa!

Mutta ilman painolastiakin voi väsymys iskeä. Mikä mahtaa olla lopputulos, jos kilvoittelijalta loppuu puhti jo matkan puolivälissä? Niin, taivaaseen pelastuvat vain ne, jotka jaksavat kulkea loppuun asti, vain voittajat saavat taivaallisen perinnön. Pelkkä alkumatkan taivaltaminen ei vielä riitä.

Agrippa astui ensi askeleensa kohti Kristusta ja kristillisyyttä keveästi. Alle puolessa tunnissa hän oli melkein jo Kristuksen helmassa. *Niin Agrippa sanoi Paavalille: ei paljo puutu, ettes minua saa kristityksi.* (Ap.t. 26:28 KJV, Piplia 1776)

Voi! Hän jäi ns. viittä vaille kristityksi. Ei puuttunut paljon, mutta puuttuikin lopulta kaikki. Alku oli komea, askeleet veivät oikeaan suuntaan, mutta sitten kaikki lässähti ja loppui kuin kanan lento.

Melkein, mutta silti jotakin jäi puuttumaan, ratkaiseva askel jäi ottamatta, ja siksi Agripalta meni ikuinen taivaan autuus sivu suun.

Olen joitain kertoja ehkä saanut aistia ja aavistaa, millaista näillä raukkaparoilla, jotka ovat melkein päässeet taivaaseen, on helvetissä. Sana melkein tuottaa heille kammottavaa tuskaa. He huutavat katkerina: olin melkein kristitty! Olin ihan lähellä Jumalan valtakuntaa, melkein pääsin

perkeleen kynsistä vapaaksi, melkein pääsin synneistäni,
melkein pääsin pois Jumalan kirouksen alta.

Voi, ettei minullekin kävisi kuten heille! Että melkein pää-
sisin taivaaseen, mutta jäisin kuitenkin ulkopuolelle!

Ystäväni, on paha juttu pysähtyä kesken kilvan istuske-
lemaan ja lepäilemään väsyneenä, ennen kuin olemme
päässeet taivaalliseen lepopaikkaan. Jos toimit sillä tavalla,
voin todeta, että et kilvoittele voitokkaasti.

Älä käänny takaisin!

Entä miten käy niiden, jotka jokin aika sitten kiitivät kohti
taivasta yhtä vinhaa vauhtia kuin laukkaava pikapostirat-
su ja näyttivät ohittavan monia, mutta jotka nyt rientävät
takaisin samaa reittiä, samaa vauhtia? Luulisitko heidän
pääsevän taivaaseen?

Mitä ihmettä he oikein tekevät? Hehän juoksevat taas ta-
kaisin, takaisin syntiin ja maailmaan, takaisin paholaisen
pakeille, takaisin harjoittamaan hillittömiä himojaan.

*Voi! Heille olisi ollut parempi, etteivät olisi tulleet tuntemaan
vanhurskauden tietä, kuin että he opittuaan sen tuntemaan
kääntyvät pois heille annetusta pyhästä käskystä.* (2. Piet. 2:22)
Heitä ei tuomita kadotukseen pelkästään syntien vuoksi,
vaan myös siksi, että he ovat julistaneet koko maailmalle,
että synti on parempi kuin Kristus. Kääntymällä takaisin
entiseen he aivan kuin sanovat: Olemme kokeilleet Kris-
tusta ja olemme kokeilleet syntiä, ja tulleet siihen tulok-
seen, että synnistä on enemmän hyötyä kuin Kristuksesta.
Eikä heidän tarvitse sitä edes ääneen lausua, sillä käänty-
minen takaisin kielii siitä kyllin.

Voi raukkoja! Minkä tuomion he saavatkaan! He pääsivät lähelle taivaan portteja, mutta tekivätkin U-käännöksen ja lähtivät porhaltamaan takaisin!

Jos joku vetäytyy pois, ei minun sieluni mielly häneen, sanoo Kristus. (Hepr. 10:38) Jumalan tielle lähteneistä ja siltä takaisin kääntyneistä Kristus kertoo vertauksessaan:

Ei kukaan, joka tarttuu auraan ja katsoo taakseen, ole kelvollinen Jumalan valtakuntaan. (Luuk. 9:62)

Niin, jos tällainen ei kelpaa taivaan valtakuntaan, helvetin tuleen hän kyllä kelpaa. Apostoli vertaa luopioita ja heidän toimiaan *kelvottomaan maahan, joka tuottaa orjantappuroita ja ohdakkeita. Se on lähellä kirousta, ja lopulta se poltetaan.* (Hepr. 6:8)

Heille ei koskaan anneta toista kristusta, joka pelastaisi heidät veriuhrillaan ja kuolemallaan. Ja jos pelastuksesta piittaamattomatkaan eivät pääse pakoon, miten mahtaakaan niiden käydä, jotka suorastaan torjuvat suuren pelastuksen ja kääntävät sille selkänsä? (Hepr. 2:3)

Ja jos vanhurskas - eli taivaaseen juokseva - töin tuskin pääsee taivaaseen, mihin joutuukaan jumalaton ja syntinen? (1. Piet. 4:18) Mihin joutuukaan luopio? Jos petturi Juudas tai luopio Francesco Spiera olisivat elävinä keskuudessamme ja heillä olisi mahdollisuus vaikkapa vain kuiskata muiden luopioiden korvaan ja kertoa, minkä hinnan heidän sielunsa joutuu maksamaan luopioksi ryhtymisestä, niin kuulijat voisivat saada piston sydämeensä eivätkä he uskaltaisi astua yhtäkään luopumuksen askelta enää milloinkaan,

Älä jää lähtöviivalle!

Miten kamalilta ne samat kärsimykset, joihin nämä kaksi miestä ovat joutuneet, tulevatkaan tuntumaan niistä, jotka ovat koko ajan vain pysyneet passiivisina paikoillaan, astumatta askeltakaan taivaaseen päin.

Kaikesta päätellen takaisin palaava ja paikoillaan lekotteleva ovat samalla kannalla taivaaseen menon suhteen. Toinen ei halua edes eväänsä väräyttää, koska rakastaa syntejään ja kaikkea mitä maailmassa on; toinen taas kiirehtii paluusuuntaansa, koska rakastaa syntejään ja kaikkea mitä maailmassa on. Eivätkö he olekin samassa jamassa nyt ja päädy kerran samaan helvettiin?

Se joka ei ole koskaan katsonut Kristukseen päinkään, on jumalaton, ja jumalaton on myös se, joka häneen katsottuaan ja häntä lähennyttyään on pikavauhtia palannut takaisin. Siksi he molemmat joutuvat kerran kuulemaan ankarat, Kristuksen lausumat sanat: *Menkää pois minun luotani, te kirotut, siihen ikuiseen tuleen, joka on valmistettu paholaiselle ja hänen enkeleilleen.* (Matt. 25:41)

Kiri, kiri!

Sen, joka liittyy taivaaseen juoksevaan joukkoon myöhemmin kuin muut, on juostava kovaa, kiriäkseen muut kiinni. Takimmaisen näet pitää pyyhältää muitten ohi, palkinnoille päästäkseen, siksi takimmaista yleensä kannustetaan äänekkäimmin.

Ystäväni, radalla kiitää kilvan niitä, jotka ovat kilvoitelleet jo kymmenen vuotta siinä, kun sinä yhden; tai jopa kaksikymmentä vuotta sinun kilvoiteltuasi viisi. Ja jos juttelet heidän kanssaan, saatat kuulla heidän epäilevän, etteivät he ehdi ajoissa perille.

Entä sinä, ehditkö sinä ajoissa? Katso, ettet haaskaa aikaa, et tuntiakaan, vaan heität kiireesti menemään kaiken, mikä voisi estää ja hidastaa matkaasi ja painat menemään täysin palkein, voitokkaasti kilvoitellen.

Ja te, jotka olette olleet uskossa jo kauan, pitäkää varanne, etteivät uskossa vähemmän aikaa vaeltaneet, Jeesuksen nuoret oppilaat, kiidä ohitsenne, ettei kohdallanne toteutuisi tämä kirjoitus: *Näin viimeiset tulevat ensimmäisiksi ja ensimmäiset viimeisiksi.* (Matt. 20:16) Se olisi noloa teille, mutta hienoa heille.

Mitä! Nuori alokas rohkeampi kuin vanha sotaratsu?

Te, jotka juoksette kilvassa taempana, parantakaa vauhtia päästäksenne edellä juoksevien ohi; ja te, jotka juoksette etummaisina, pitäkää asemanne, juoskaa edellä näyttäen hyvää esimerkkiä uskossa ja rakkaudessa, jos vain voitte. Juuri tätä on oikea kilpa, kirimistä toinen toisensa ohi, kilvoittelua hännänpäästä jopa johtotähdeksi. Kilpa on kova, edellä juoksevan on panostettava kaikkensa pysyäkseen johdossa.

Myöhästyminen on kohtalokasta!

Miten huonon ratkaisun tekevätkään ne, jotka tyytyvät pysyttelemään vihoviimeisten häntäpään kulkijoiden seurassa, heille ei taida voitto häämöttää? He mahtailevat pääsevänsä taivaaseen siinä missä muutkin. He hakemalla hakevat hartautensa menettäneitä kylmäkiskoisia uskon tunnustajia, jotka kulkevat kohti taivasta vain puolitosissaan, ja kun he sellaisia onnistuvat löytämään, he ottavat heistä heti oppia. He luulevat pääsevänsä taivaaseen hienosti, kunhan vain kulkevat tasatahtia viimeisten kanssa, ottamatta ollenkaan huomioon, että viimeisille ei palkintoa ole luvassa.

Jos kiinnostaa, voit lukea Matteuksen evankeliumin luvusta 25, miten myöhästyminen kostautui tyhmille morsiusneidoille: *Ne, jotka olivat valmiit, menivät sulhasen kanssa häihin, ja ovi suljettiin.*

Mutta huomaa mitä tapahtui myöhemmin: *Myöhemmin toisetkin neidot tulivat ja sanoivat: 'Herra, Herra, avaa meille!' Mutta hän vastasi: 'Totisesti minä sanon teille: minä en tunne teitä.'* (Matt. 25:10-12)

Myöhästyneille ei siis avattu, vaan heidän oli poistuttava. Menkää pois luotani, käy käsky hartautensa menettäneille kylmäkiskoisille uskon tunnustajille, jotka ovat kulkeneet kohti taivasta vain puolitosissaan.

Voi miten sääli! Vaikka Jumalan sanassa on selvät varoitukset, miten kova kohtalo on niillä, jotka ovat kristinuskon tunnustajia vain näennäisesti, uskonasioista sen enempää piittaamatta, on suorastaan ihme, ettei varoituksia oteta todesta.

Miten kävi Lootin vaimolle, joka ei kiirehtinyt vauhdilla Sodomasta, vaan jopa pysähtyi kesken pakomatkan katsomaan taakseen? Miten kävi Eesaulle, hänen vitkasteltuaan saapumistaan siunattavaksi? Ja miten kävi niille, joista kerrotaan Luukkaan evankeliumin luvussa 13, jotka pyrkivät sisään vasta sitten kun ovi oli suljettu? (Luuk. 13:24

alk.) Entä tyhmät neidot, miten raskaasti he mahtavatkaan voihkia ja voivotella viivyttelyään?

Hidastelu ja kulku kohti taivasta vailla todellista tarkoitusta kostautui heille kaikille. Lootin vaimo muuttui suolapatsaaksi. (1. Moos. 19:26) Eesau suri viivyttelyään katkerin kyynelin. (Hepr. 12:17; 1. Moos. 27:34-38) Juudas meni ja hirtti itsensä. (Matt. 27:5)

Niin, sinäkin olet kerran kiroava päivän, jolloin synnyit, mikäli menetät paikkasi taivaan valtakunnasta. Niin käy, jos olet vain kulkevinasi sinne päin, vailla totista päämäärää ja kilvoitusta.

Älä ole esteenä itsellesi ja muille!

Välinpitämätön asenteesi ja innoton, näennäinen kilvoittelusi ei koidu vain omaksi turmioksesi vaan myös muiden. Kun tunnustat kristinuskoa ja esiinnyt uskovana, ymmärrät varmaan, että muut katsovat miten elät ja olet. Kun näkyy, että kilvoittelet hällä väliä -asenteella, suhtaudut uskonasioihin kylmäkiskoisesti etkä luovu maailmasta etkä paheellisista nautinnoistasi, muutkin alkavat käyttäytyä samoin.

Ei kerta kaikkiaan, miksemme mekin voisi elää samalla tavalla kuin hänkin, he kyselevät. Hän tunnustaa kristinuskoa ja juoksee nautintojen ja rikkauksien perässä ja ajaa kaikessa omaa etuaan. Hän viihtyy tyhjänpäiväisessä seurassa, hän on ylpeä ja hänellä on muitakin paheita. Silti hän kehuu matkaavansa kohti taivaan autuutta. Niin, hänen on kuultu myös sanovan, ettei hän pelkää mitään muuta kuin hauskanpidon loppumista. Meidän kannattaa kulkea hänen seurassaan, ei taivasmatka meiltä sen huonommin voi luonnistua kuin häneltäkään, he tuumailevat.

Kamalaa jos sinä, jonka pitäisi kulkea oikeaa tietä kunnolla, horjahtelet ja kaatuilet niin rajusti, että suistat muita tuhoon ja turmioon. Ja jos hädin tuskin jaksat astella Jumalan eteen tekemään tiliä oman sielusi tappioista, pidä varasi, ettet joudu tilille muidenkin sieluista, jos olet ollut estämässä heidän taivaaseen pääsyään. Mitä voit vastata näihin Kristuksen sanoihin: *Te suljette taivasten valtakunnan ihmisiltä. Itse te ette mene sisälle ettekä päästä niitäkään, jotka olisivat menossa?* (Matt. 23:13) Nämä sanat toteutuvat, kun eletään suruttomasti eikä välitetä kilvoittelusta. Silloin estyy taivaaseen meno sekä itseltä että muilta, joille on näyttänyt huonoa esimerkkiä.

Vakavat sanat:

Puhuttelen nyt teitä molempia, sinua, joka annat huonoa esimerkkiä ja sinua, joka otat huonoa esimerkkiä vastaan. Sen jälkeen on loppusanojen vuoro.

Annan teille Herramme Jeesuksen Kristuksen nimissä ohjeen, että älköön kukaan teistä juosko niin kelvottomalla tavalla kohti taivasta, että oma ja muiden pääsy perille estyy. Sekin, joka matkaa taivaan tietä hidastellen ja päämäärästä vähät välittäen, närkästyisi nähdessään, jos joku juoksisi henkensä edestä uhkaavaa vaaraa pakoon ja riskeeraisi pakoon pääsynsä pysähtymällä tien varteen keräilemään lampaista irronneita villakiehkuroita, poikkeamaan poimimaan parit oljet tai lahot puunkappaleet, sen sijaan että juoksisi niin kovaa kuin ikinä pääsee säilyäkseen hengissä.

Sinä, taivastien huoleton hoiperteleva hituri, kun tuomitset tällaisen pakoon juoksijan, tulet samalla tuominneeksi myös itsesi, sillä toimit taivaan tiellä samalla tavalla. Niin, teet vieläkin pahemmin, sillä sinulla on vaakalaudalla ikuinen elämäsi, tällä esimerkkitapauksen pakenijalla vain ajallinen elämä. Jos sinä et juokse rivakasti vaan jäät vetelehtimään, vaarannat sielusi autuuden, taivaspaikkasi, kunnian ja kirkkauden, ihan kaiken hyvän mitä tuonpuoleisessa on tarjolla.

Varo! Varo! Sinä syntisparka, varo!

Jos joku nyt kuitenkin, neuvoistani huolimatta jatkaa rahjustamistaan ja hoiperteluaan sinne tänne, tiellään kohti kunnian valtakuntaa, ole sinä viisaampi äläkä ota hänestä mallia. Älä seuraa ketään yhtään enempää kuin mitä hän seuraa Kristusta.

Parasta on suunnata katseensa Jeesukseen, uskon alkajaan ja täydelliseksi tekijään, joka edessään olevan ilon vuoksi kärsi ristin, häpeästä välittämättä, ja istuu nyt Jumalan valtaistuimen oikealla puolella. (Hepr. 12:2)

Toistan ja korostan, ettei ketään pidä jäljitellä yhtään enempää kuin mitä hän jäljittelee Kristusta. Paavali lausuu: *Olkaa minun seuraajiani, niin kuin minä olen Kristuksen seuraaja.* (1. Kor. 11:1) Vaikka Paavali oli pätevä ja etevä mies, hän silti varoitti seuraamasta itseään yli sen, mitä hän itse seurasi Kristusta.

X EVÄSTYSTÄ MATKALLESI

Tahdon kannustaa ja evästää sinua kilvoittelemaan etujoukoissa, tuomalla esiin vielä muutamia asioita.

Muista Lootin vaimoa

Kun Loot vaimonsa kanssa pakeni henkensä edestä Sodomasta kohti vuoristoa, kerrotaan että vaimo katsoi taakseen ja muuttui suolapatsaaksi. Tässä on huomionarvoista, ettei Loot katsonut taakseen, vaikka hänen vaimonsa katsoi, eikä edes silloin, kun Jumalan tuomio kohtasi vaimoa muuttaen hänet suolapatsaaksi.

Olen aika ajoin ihmetellyt Lootin käytöstä siinä tilanteessa. Vaimo katsoo taakseen ja kuolee silmänräpäyksessä, mutta kävi vaimolle, miten kävi, Loot ei välitä vilkaistakaan taakseen nähdäkseen vaimonsa.

Raamatussa ei kerrota Lootin pälyilleen ympärilleen kertaakaan, katsoakseen mihin vaimo jäi tai mitä hänelle mahtoi tapahtua. Loot rientää eteenpäin, sydämessään pakoon pääsy päällimmäisenä. Edessä siintää vuoristo, takana tuli ja tulikivi roihuaa. Nyt on henki ja elämä kyseessä, kuolema tulee, jos katsoo taakseen.

Juokse sinäkin näin! Muista Lootin vaimoa eteenpäin rientäessäsi ja muista hänen tuomiotaan. Muista mistä syystä tuomio lankesi hänelle ja muista myös, että Jumala teki hänestä varoittavan esimerkin kaikille leväperäisille taivaan tien kulkijoille ikiajoiksi. Varo ettet sinäkin jää varoittavana esimerkkinä jälkipolvien muistoon, suistumalla tieltä samaan tapaan.

Huolehdi sielustasi!

Mutta jos edellä mainittukaan ei vielä riitä kannustamaan
sinua vauhtiin, muista ja ajattele omaa sieluasi, vaihtoeh-
toina ovat joko sielun ikuinen autuus tai kadotus. Välin-
pitämättömyydelläsi aiheutat vahingon omalle sielullesi,
et minun sielulleni. Kyse on sinun sielustasi, sinulle tar-
jotusta hyvyydestä, levosta ja rauhasta, voitosta tappion
sijaan.

Ehkä tunnet sydämessäsi sääliä minun sieluani kohtaan
ja haluat sille kaikkea hyvää.

Mutta voi! Nyt on kyse sinun ikiomasta sielustasi! Jeesus
kysyy: *Mitä se hyödyttää ihmistä, vaikka hän voittaisi omak-
seen koko maailman mutta saisi sielulleen vahingon?* (Mark.
8:36)

Jumalan ihmiset toivovat jokaisen sielulle hyvää, etkö si-
näkin toivoisi hyvää omalle sielullesi?

Mieti sielusi kohtaloa!

Ja jos tämäkään ei saa sinua vauhtiin, ajattele vielä uudel-
leen

että jos joudut sieluinesi kadotukseen, tappio ja häpeä
ovat sinun. Kain oli romahtaa hulluuden partaalle taak-
kansa alla tajutessaan, ettei hän ollut huolehtinut veljensä
Aabelin sielusta. Entä miten raastavalta ja järisyttävältä
sinusta mahtaakaan tuntua tajutessasi, että jätit huolehti-
matta omasta sielustasi.

Varo, ettei sinua jätetä!

Ja jos tämäkään ei siivitä askeleitasi, ajattele vielä sitäkin, että ellet tahdo juosta, Jumalan kansan on meneteltävä kanssasi samoin kuin Loot menetteli vaimonsa kanssa, eli jätettävä sinut taakseen. Mahdollisesti sinulla on isä, äiti, veli tai muita läheisiä kiitämässä kohti taivasta vinhaa vauhtia kuin pikapostihevonen. Haluatko tosiaan jäädä kauas heistä? Varmaankaan et.

Ovatko lapset ja palvelijat edelläsi?

Entä eikö olisikin noloa huomata, että pikkutytöillä ja pikkupojillakin ympäri maata on taivasasioissa enemmän viisautta kuin sinulla? Näyttää siltä, että palveluskunta, kuten tallirengit, peltomiehet ja keittiöväki ovat kiinnostuneempia taivaaseen pääsystä kuin heidän isäntänsä. Tulee välillä mieleen, että taivaan valtakunnan taitavatkin periä useammin palvelijat ja torpparit kuin isännät ja kartanonherrat.

Ehkä nauraisit, ehkä närkästyisit, jos palvelijasi ilmoittaisivat olevansa sinua viisaampia maallisissa asioissa. Silti minun on sanottava sinulle suorin sanoin, että monet heistä todella ovat sinua viisaampia tulevan maailman asioissa, niissä kaikkein tärkeimmissä.

XI VIIMEISET OHJEET MATKALLESI

No niin, syntinen, mitä sanot nyt? Mitä on mielessäsi ja sydämessäsi? Tahdotko lähteä juoksuun? Oletko päättänyt jättää entiset taakse ja alkaa kilvoitella? Kyllä vai ei?

Päätä jo, aikailuun ei ole varaa.

Älä neuvottele turmeltuneen minäsi kanssa, vaan nosta katseesi kohti ylhäisiä taivaita ja mieti miten ihanaa siellä olisi.

Kurkkaa myös alas helvetin kuiluun. Niitä oloja valotan sinulle kirjassani: *A few Sighs from Hell; or the Groans of a damned Soul.* (Suom. Näkyjä taivaasta ja helvetistä.)

Toivon, että luet kirjan vakavalla ja hartaalla mielellä ja mietiskelet lukemaasi.

Jos et tiedä tietä taivaaseen, etsi reittiohjeita Jumalan sanasta.

Jos tahdot matkaseuraa, pyydä Jumalan Henkeä mukaasi.

Jos tarvitset rohkaisua, muistele Jumalan lupauksia.

Hankkiudu matkaan ajoissa, astu tien päälle, lähde juoksemaan vauhdilla ja pysy kestävänä loppuun asti.

Herra siunatkoon matkasi!

Hyvää matkaa! Toivottaa JOHN BUNYAN.